W0264576

Secrets del Poni Club

El Destí i els cavalls salvatges

Col·lecció Secrets del Poni Club:

1. El Místic i la trobada a mitjanit
2. La Neu i el genet misteriós
3. El Destí i els cavalls salvatges
4. La Tala i les amazones audaces
5. El Llampec i la copa del campió
6. La Mar i el Nadal al Poni Club

Secrets del Poni Club

El Destí i els cavalls salvatges

susaeta

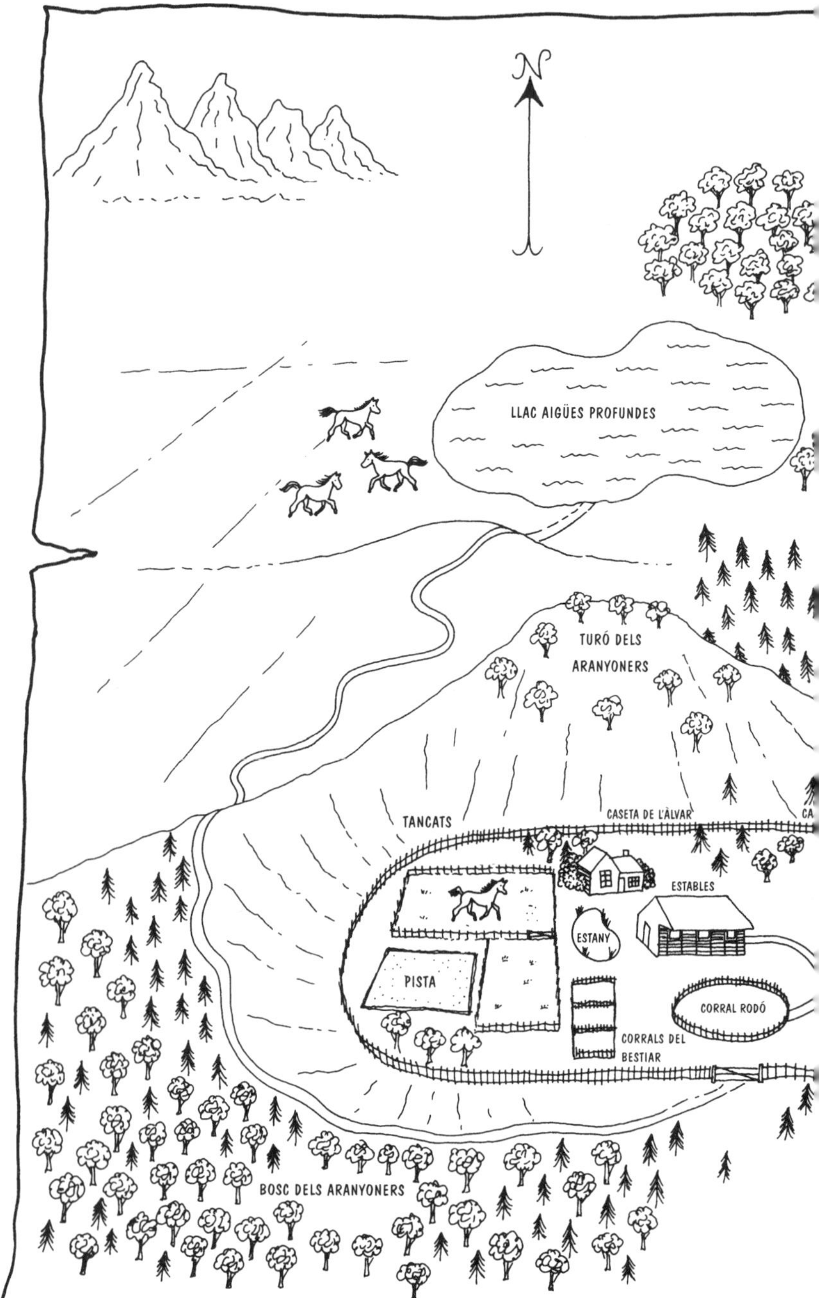
N
LLAC AIGÜES PROFUNDES
TURÓ DELS ARANYONERS
TANCATS
CASETA DE L'ÀLVAR
ESTABLES
ESTANY
PISTA
CORRAL RODÓ
CORRALS DEL BESTIAR
BOSC DELS ARANYONERS

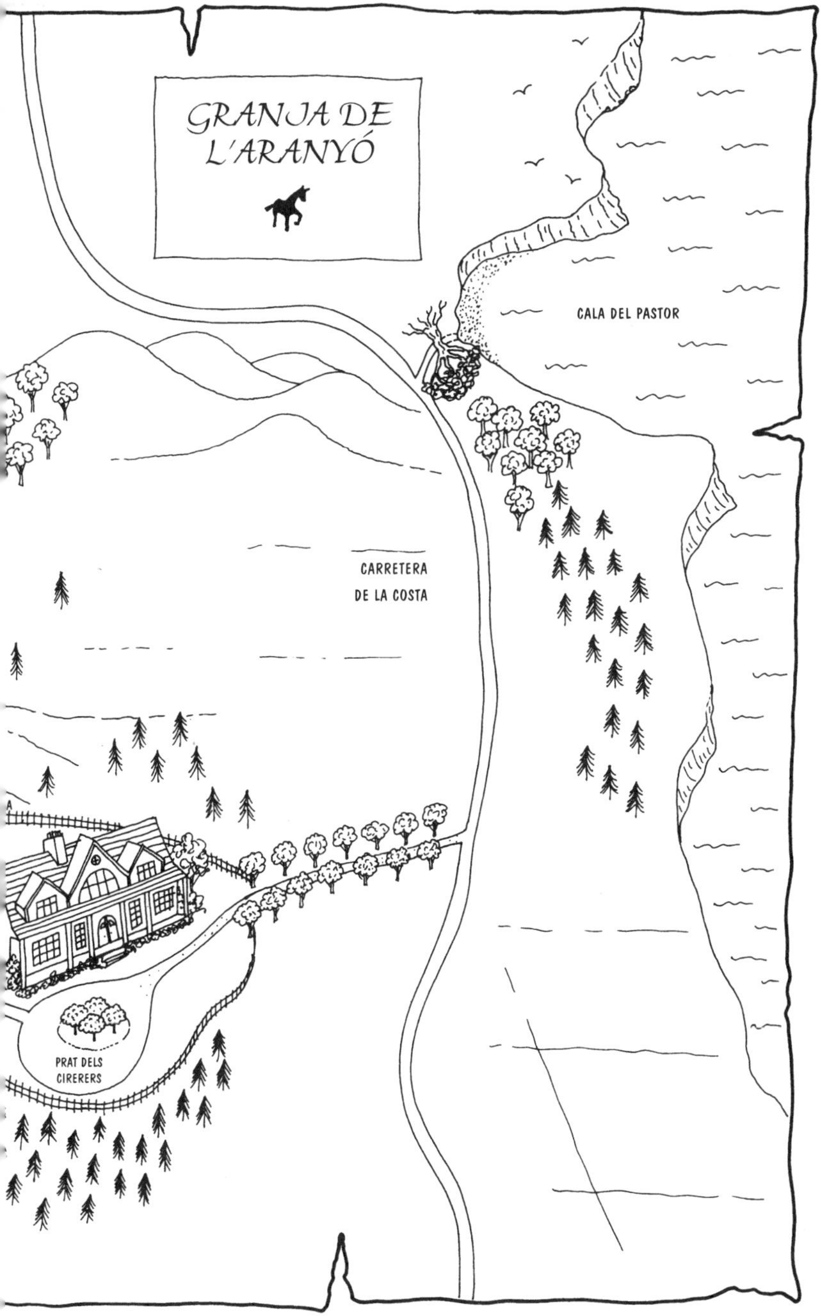
GRANJA DE L'ARANYÓ
CALA DEL PASTOR
CARRETERA DE LA COSTA
PRAT DELS CIRERERS

Dedicat a la meva mare, a qui mai no van acabar d'agradar els cavalls però que sempre va estimar les seves dues filles, malgrat que elles estaven boges pels cavalls. Moltes gràcies per tot.

Títol original: *Destiny and the Wild Horses*

Text: © Stacy Gregg

Traducció al català: Mònica A. Falguera
Correcció: Eduard Castanyo
Maquetació: Sara Alonso Robleda

© HarperCollins Children's Books
© Susaeta Ediciones, S.A.
C/ Campezo, 13
28022, Madrid
Telèfon: 91 300 91 00
Fax: 91 300 91 18
www.susaeta.com

Qualsevol forma de reproducció o transformació d'aquesta obra només pot ser duta a terme amb l'autorització dels titulars del copyright. Adreceu-vos a CEDRO (Centro Español de Derechos Reprográficos, www.cedro.org) si us cal fotocopiar o escanejar algun fragment d'aquesta obra.

CAPÍTOL 1

Una de les millors sensacions del món és despertar-se i pensar: *renoi, la mare, que arribo tard a l'escola...!* Bé, això no és el millor exactament. El millor arriba uns segons després quan t'adones que no has d'anar a l'escola perquè avui no és un dilluns normal...: és el primer dia de les vacances d'estiu!

La Mar assaboria aquell moment just ara, ajaguda al llit. Va estirar les cames per sota els llençols. Era tot un luxe fer el mandra d'aquesta manera, sabent que no havia de córrer per a posar-se l'uniforme i fer cabre els llibres a la motxilla. Dos mesos sense escola! I aquell estiu prometia ser el millor de la seva vida.

Hi hauria gimcanes, torneigs i proves en les quals muntar, i la Mar tenia la Neu en perfectes condicions per a competir.

El seu poni havia estat aprenent moltes coses en poc temps i de forma sorprenent des que la Françoise Darth la hi va tornar. La noia havia estat fent classes regulars de doma amb en Tomàs Ardit, i estava sorpresa perquè l'euga responia molt bé i demostrava ser molt intel·ligent. Ara que la Mar i en Tomàs sabien quin havia estat el veritable entorn de la Neu (havia format part d'una famosa companyia d'eugues àrabs ballarines), havien començat a provar coses noves amb ella. Sota la tutela d'en Tomàs, la Neu i la Mar havien dominat amb facilitat moviments com el d'esquena endins i el piaf.

—Aquesta euga és la mestra d'escola perfecta per a tu —va dir-li en Tomàs—. Aquest estiu avançarem molt en el teu entrenament, Mar.

En Tomàs estava convençut que la Neu estava preparada per a competir en la sèrie de competicions de doma de l'estiu del Poni Club Cap Cavaller que començava aquell mateix cap de setmana.

—Encara ets en el grup dels principiants, per això segurament no hi haurà piafs en la teva prova de doma —l'havia advertit en Tomàs.

Tanmateix, la Mar estava nerviosa. Mai abans no havia practicat moviments de doma amb la Neu. Què passaria si l'euga s'espantava i s'abraonava a la pista de sorra? Què passaria si s'oblidava de l'exercici i es perdia quan encara en faltés la meitat?

—No siguis ridícula! —va dir l'Estel a la Mar quan aquesta va explicar-li les seves pors—. La Neu i tu heu practicat l'exercici vint vegades com a mínim. Jo encara no me'l sé i la Celeste està tan tossuda últimament que ni tan sols sé si farà servir la pota correcta quan vagi a mig galop. S'està convertint en un maldecap!

Amb la competició tan a prop, l'Estel, la Mar i la Cris van estar d'acord que els calia més pràctica de doma, així que en Tomàs Ardit havia preparat una classe d'entrenament per als genets de Cap Cavaller al club aquell matí.

La Mar va tombar-se per última vegada sota els llençols. S'hi estava tan bé, que no trobava el moment de llevar-se.

—Una, dues i tres! —va comptar per a sortir del llit. Va fer un salt en el tres, i va creuar corrents l'habitació cap al munt de roba bruta que hi havia a terra. Va agafar els pantalons de muntar i va treure una cinta per als cabells de la calaixera; va recollir-se els llargs, llisos i foscos cabells i va baixar les escales.

La seva mare se n'havia anat d'hora a treballar aquell matí, però havia deixat una nota a la Mar a sobre la taula de la cuina.

Sóc a la feina (no tinc tanta sort com tu!). Passaré pel supermercat quan torni cap a casa, no crec que arriba abans de les sis. Haig de parlar amb tu sobre les vacances... Sigues a casa a les vuit. Mama.

La Mar va llegir la nota, va preparar-se unes torrades a la torradora i va servir-se un got de suc de taronja de la nevera.

Què volia dir la mare amb això de: he de parlar amb tu de les vacances? Les seves vacances ja estaven decidides; tenia pensat passar cada minut del dia al club d'hípica amb l'Estel, la Cris, en Dani i en Biel. De què més s'havia de parlar?

Després de menjar-se la segona torrada, va acabar de vestir-se, va treure la bicicleta del garatge i va pedalar fins al Poni Club.

Quan la Mar va arribar al Poni Club, va trobar-se les seves dues millors amigues, l'Estel i la Cristina, observant un remolc per a cavalls de color platejat i blau d'aspecte molt car que acabava d'aturar-se als camps del club.

—Caram! Quin luxe! —va exclamar la Cris.

—Mai no havia vist aquest camió. No és de cap dels genets de Cap Cavaller, oi? —va preguntar l'Estel.

La seva pregunta va quedar resposta de seguida quan una noia amb expressió agre i dues trenes rosses molt compactes va sortir del camió per a obrir les portes.

—Ho hauria d'haver sospitat! La mare de la Natàlia, *la creguda,* li ha comprat un remolc nou —va sospirar l'Estel.

Van observar com la Natàlia es quedava emmurriada al costat del camió, negant-se a moure's fins que la seva mare va demanar-li, per tercera vegada, que l'ajudés a baixar per la rampa el cavall palomino de la Natàlia, el Daurat; però aleshores va aparèixer un esvelt cavall gris rosat, amb una taca blanca en forma de cor al front i la crinera i la cua de color gris acerat. Duia posada una manta de llana blau marí i uns protectors a joc a les delicades potes. Quan la Natàlia li va treure els protectors, les noies van veure que a les potes del darrere lluïa dos bonics mitjons blancs.

—Mireu, el cavall nou de la Natàlia! —l'Estel va fer un xiulet d'admiració.

—Mar! Has d'anar a preguntar-li per ell —va exigir la Cris.

—Que dius! I per què jo? —va rondinar la Mar—. La Natàlia no em suporta!

—Com a mínim et parla! Amb la Cris i amb mi ni tan sols es molesta a obrir la boca —va respondre l'Estel—. Vinga, vés a preguntar!

—D'acord, d'acord... —la Mar va marxar murmurant pel clos. La veritat és que no calia que les seves amigues haguessin insistit gaire, perquè ella també es moria de ganes de saber alguna cosa sobre el cavall nou de la Natàlia.

—Hola, Natàlia, no sabia que avui muntaries amb nosaltres —va dir la Mar.

—Mmmm? Ei, hola, Marcelina —va contestar la Natàlia.

—Em dic Marcel·la —va replicar la Mar. Un dels jocs preferits de la Natàlia era canviar-li el nom expressament.

—Tant és —va dir la Natàlia amb menyspreu—. Com està el teu petit poni de circ?

Des que la Mar havia guanyat la Natàlia Vidal en la prova d'un dia del Poni Club, la irritant rosseta encara sentia més rancúnia cap a la Mar i la seva euga castanya. La Natàlia anomenava la Neu «poni esparracat sense papers» fins que va descobrir-se la veritat sobre la Neu, que havia estat una de les eugues de l'*Espectacle Dansa Magnífica,* les famoses ballarines anglo-àrabs d'un pedigrí pur tan antic que es remuntava al dels grans àrabs criats al desert.

Per descomptat, ni tan sols aquelles notícies van aturar la Natàlia. Ara que tothom sabia que la Neu pertanyia a una raça molt valuosa, la Natàlia la provocava dient-li «poni de circ», encara que l'*Espectacle Dansa Magnífica* no era un circ sinó una escola d'equitació d'*haute école* (alta escola) que viatjava per tot el món representant fantàstics moviments de doma al so de la música. La Neu havia estat l'estrella de l'escola en el seu moment, però ara, gràcies a un benefactor misteriós, l'euga castanya legalment era de la Mar.

—La Neu està bé, gràcies, Natàlia —va dir la Mar, i fixant la seva atenció en el cavall gris rosat va preguntar—. És el teu cavall nou? Què li ha passat al Daurat?

—Simplement vaig dir a la meva mare que el Daurat ja no estava a la meva alçada, així que ens n'hem desfet —va dir la Natàlia fredament—. Aquest és el Duc. És un cavall de curses, criat per l'Igor Lampier, per tant ja et pots imaginar el que ha costat. La mare diu que resulta vulgar parlar de diners, però també em va dir que ha costat més que totes les seves bosses de mà de Prada juntes.

—És molt bonic —va dir la Mar mentre passava la mà suaument per la cresta del coll del Duc—. El posaràs a la sèrie de doma d'aquest estiu?

—I tant! De fet, diria que estem destinats a guanyar-la —la Natàlia somreia complaent—. El Duc ha estat als estables de la Gabriela Mateu durant dues setmanes perquè l'ensenyessin. La Gabriela en persona ha passat moltes hores amb ell..., a la mare li ha costat un ull de la cara aquest entrenament extra —la Natàlia va arronsar el nas—; jo sola no ho hauria pogut fer. D'aquesta manera ara serà tan fàcil com prémer un botó. Només has de seure-hi a sobre i el Duc sap exactament el que ha de fer. Serà molt fàcil guanyar la ronda de principiants aquesta temporada.

—Bé, suposo que et veurem a la prova de doma de dissabte —va dir la Mar—. La Neu i jo també serem a la ronda de principiants. —La Mar podria haver assegurat que durant un moment la mirada petulant de la Natàlia va desaparèixer del seu rostre, tot i que de seguida va recuperar-la de nou.

—No et donen punts per fer trucs de circ a la prova de doma, ja ho saps?

—És una pena perquè la Neu pot portar una pilota en equilibri sobre el nas mentre balla amb les potes del darrere —va dir una veu darrere d'elles.

La Mar va tombar-se i va veure l'Estel muntant la Celeste amb un somriure radiant als llavis. La Cris, que també s'havia apropat a sobre el Fumall, intentava reprimir una riallada. La cara d'enuig de la Natàlia va fer-se més intensa.

—Sempre portes les teves guardaespatlles per a defensar-te? —va etzibar la Natàlia—. Em pregunto com series si no tinguessis tanta gent que et cuida.

En aquell moment, la forta veu d'en Tomàs Ardit les va interrompre.

—Genets a la pista de sorra, si us plau! —va manar.

La Mar va donar un copet al cavall gris rosat.

—De totes passades, m'alegro de conèixer-te, Duc —va dir. La Natàlia continuava mirant-la desafiant—. Adéu, Natàlia.

La Mar va encongir-se d'espatlles i va travessar corrents el clos cap a on era la Neu, esperant-la.

—Ens alineem, si us plau? —va dir en Tomàs Ardit.

Els genets havien estat escalfant els seus ponis. En Dani i en Biel havien arribat una mica més tard, però havien col·locat els arreus ràpidament al Rastrejador i al Maig, i s'havien unit al grup. En aquell moment els sis genets eren al centre de la pista esperant les instruccions d'en Tomàs.

En Tomàs Ardit va colpejar-se les botes de pell marró amb la fusta per a cridar l'atenció del grup.

—Amb la prova de doma d'aquest cap de setmana ja tan a prop, em sembla que tots deveu estar disposats a aprendre alguna cosa més difícil —va dir-los—. Algú sap com es fa un canvi de pas a l'aire?

Sense dubtar-ho ni un moment, una mà va alçar-se entre les altres.

—Ep, Natàlia, per descomptat. Si us plau, vine aquí un moment —va dir en Tomàs.

La Natàlia va mirar de reüll la Mar mentre passava per davant seu muntant sobre el seu nou cavall, el Duc, i es col·locava al davant.

—Bé, la Natàlia ens ensenyarà com es fa un canvi de pas a l'aire —va anunciar en Tomàs—. Com tots ja sabeu, un canvi de pas a l'aire és quan demanem al nostre cavall que vagi a mig galop i després, amb les regnes, li demanem que canviï de peu a l'aire —en Tomàs va fer una pausa—. Potser heu vist aquest moviment en els nostres vídeos de doma de les olimpíades que teniu a casa. Sembla que el cavall faci un saltiró, oi?

—Quan ho feia l'Andreu amb el seu cavall Bonjan semblava molt fàcil —va dir l'Estel.

—Doncs ara veurem si en realitat és fàcil o no, d'acord? —va dir en Tomàs—. Bé, Natàlia, per què no fas una volta a la pista de sorra a mig galop i després fas un canvi de pas a l'aire al centre per a ensenyar-nos com es fa?

La Natàlia va sortir amb el Duc i amb una expressió molt decidida a la cara. Va voltar la pista de sorra a mig galop i després va dirigir-se cap al centre per a començar a fer el canvi de pas a l'aire. Quan va arribar al centre, la Natàlia va donar un fort cop al Duc amb els talons. No va passar res. Feia la impressió que s'exasperava i el pobre Duc semblava confús.

—Intenta-ho de nou, i aquesta vegada utilitza millor les regnes. No cal que donis aquests cops al cavall! Simplement col·loca la cama dreta més endavant a la cingla —va instruir-la en Tomàs.

La Natàlia va fer una altra volta i va dirigir-se de nou cap al centre. Va ignorar el consell d'en Tomàs i va clavar al Duc una puntada tremenda amb el peu dret, i aquest va sortir disparat com un coet i saltant. La Natàlia va fer un crit d'horror quan va volar per sobre el cap del Duc per a acabar aterrant en un munt de sorra de la pista. El Duc va rebufar atemorit i va creuar la pista de sorra a mig galop.

En Dani i en Biel van sortir ràpidament darrere d'ell amb els cavalls, mentre la Natàlia s'aixecava rondinant i espolsant-se.

—Estàs bé? —va preguntar-li en Tomàs. La Natàlia, que estava vermella com un pebrot, va assentir amb el cap amb calma—. És un cavall molt sensible. Si jo fos tu, intentaria dominar els moviments bàsics amb ell abans d'intentar fer una altra vegada el canvi de pas a l'aire —va dir en Tomàs amb amabilitat. Aleshores va fer un senyal a la Mar—. Marcel·la, per què no ho intentes amb la Neu? Recorda, has de moure la cama dreta cap a la cingla.

—Bona noia, som-hi —la Mar va fer petar la llengua perquè la Neu comencés a recórrer el perímetre de la pista de sorra. Quan cavalcava cap al centre a mig galop va seure ben amunt de la sella i va intentar pensar en la posició de les cames per a aconseguir la postura adequada. Just al centre de la pista, la Mar va fer exactament el que havia dit en

Tomàs...: va moure una cama endavant i l'altra enrere, i va prémer amb força.

A sota va notar com la Neu s'alçava i movia les potes del davant com si fos una col·legiala fent saltirons pel carrer... Un canvi de pas a l'aire!

—Molt bé! Un canvi de pas molt ben executat! —en Tomàs estava encantat—. Excel·lent, Marcel·la. Qui vol ser el següent? Dani? Com ho veus?

Al final, la Mar va ser l'única que va dominar el canvi de pas a l'aire aquell dia.

—No és tan fàcil com sembla —va queixar-se l'Estel mentre tots treien els arreus als ponis.

La Mar va assentir amb el cap. Estava d'acord amb la seva amiga, però la veritat és que per a ella havia estat molt fàcil. Era com si només hagués de pensar què volia fer perquè la Neu respongués. No hi havia cap canvi de pas a l'aire en la competició de doma d'aquell cap de setmana, però la Mar estava convençuda que ella i la Neu tindrien moltes probabilitats. Fins i tot pensava que segur que guanyarien.

—Mare, ja sóc a casa! He après a fer el canvi de pas a l'aire! —va cridar la Mar mentre entrava per la porta principal sense aturar-se a treure's les botes de muntar.

—Marcel·la! Valdria més que et traguessis aquestes botes plenes de fang! —va exclamar la mare des de la cuina.

La Mar va aturar-se en sec, va tornar cap a on era el cistell de la roba bruta i va treure's les botes i els mitjons abans d'anar corrents cap a la cuina a la recerca de la mare.

—Pots explicar-m'ho tot mentre sopem —va dir la mare.

I així, entre forquillada i forquillada d'amanida de patata, la Mar va explicar a la seva mare el ridícul que havia fet la Natàlia i dels canvis de pas a l'aire, i de les proves de doma que començaven el dissabte.

—La Neu ho fa tot perfecte. Aquest serà el millor estiu de la meva vida! —va exclamar la Mar il·lusionada.

La senyora Castany no va dir res. Va limitar-se a mirar el seu plat i moure un tros de patata amb la forquilla distretament.

—Mare? Que passa alguna cosa? Gairebé no has dit res en tot el sopar —va dir la Mar.

La senyora Castany va enretirar el plat del seu davant. Mantenia una expressió seriosa i silenciosa.

—Mare?

—Mar, em temo que tinc algunes notícies, i bé, no són realment dolentes..., vull dir que són bones però no són bones... —la senyora Castany va dubtar abans de continuar—. Mar, m'han convidat a una conferència de treball. Em paguen el vol i l'allotjament..., tot. Seré fora de casa dues setmanes.

—Això és fantàstic! —va dir la Mar—. I quan marxes?

—Divendres —va dir la senyora Castany—. Per això cal que parlem aquesta nit sobre les vacances.

—Què vols dir? —va preguntar la Mar.

—Bonica, no et puc deixar aquí sola dues setmanes senceres..., qui et cuidarà?

—Bé, potser puc quedar-me amb l'Estel —va dir la Mar.

La senyora Castany va fer que no amb el cap.

—Hi ha una altra cosa, Mar. Ahir al vespre va trucar la tieta Sandra. Ha patit una mala caiguda d'un dels seus cavalls i s'ha trencat una cama.

—La tieta Sandra? És terrible! Està bé?

—Sí, sí, està bé —va sospirar la senyora Castany—, però no pot tenir cura de la granja. L'ajuda l'Àlvar, però no en té prou... —la senyora Castany va fer una pausa—. Per això m'ha suggerit que tu podries anar a fer-li companyia fins que es recuperi.

—Jo? —va queixar-se la Mar.

—Filla..., és perfecte. Pots quedar-te amb la tieta mentre jo sóc fora, i ella necessita ajuda —va explicar-li la senyora Castany—. A més, mai no has estat a la granja. La tieta Sandra hi té un munt de ponis i molts d'altres animals que entrena. T'encantarà estar-te allà uns dies.

—Però, mare! La Neu i jo hem treballat molt dur per a la competició de doma... —va sospirar la Mar.

—Ho sé, cel meu. Però no se m'acut una altra manera de fer-ho —va dir la senyora Castany amb fermesa—. Ja he demanat a l'Àlvar que vingui a buscar-te. Vindrà dimecres al matí.

—Però avui és dilluns! Quan ho has decidit? Què passa amb l'Estel i la Cris? Què passa amb les meves vacances? I què passa amb la Neu?

—Em sap molt de greu, Mar, però és l'única opció que tinc. De veritat que em sembla que t'agradarà molt la granja... Mar? Mar!

Però la Mar ja no l'escoltava. S'havia aixecat de la taula d'una revolada, feta un mar de llàgrimes. Va pujar les escales cap a la seva habitació i va tancar la porta darrere seu amb un cop.

CAPÍTOL 2

Com era possible que les vacances de l'escola anessin tan malament de sobte? La Mar va deixar-se caure sobre el llit i va enfonsar el cap a l'edredó. No es podia creure que la mare li esguerrés les vacances d'aquesta manera.

—Mar? Va, deixa'm entrar i parlem —la veu de la senyora Castany feia eco a l'altre costat de la porta de l'habitació de la Mar.

La Mar va aixecar-se, va obrir la porta perquè la seva mare entrés i després, gairebé automàticament, va tornar a deixar-se caure al llit i a enfonsar la cara a l'edredó.

—No és just. Per què he d'anar a casa de la tieta Sandra? —va rondinar des de sota l'edredó.

—Bonica, crec que és el millor per a tots..., especialment per a la tieta Sandra —va dir la senyora Castany— li faries un gran favor si l'ajudessis fins que tingui la cama millor. A la Sandra li han proposat fer una bona pel·lícula. Comencen a rodar d'aquí a un parell de mesos i ha d'entrenar dotzenes d'animals. Té tanta feina que li cal algú que l'ajudi...

—Però jo ja tenia plans! —va protestar la Mar—. La competició de doma és ara, i la Neu ho està fent molt bé... No puc anar-me'n a la granja i deixar-la aquí.

De sobte, la senyora Castany va tenir una idea.

—Escolta, i si et poguessis endur la Neu?

—Què vols dir?

—Podries endur-te la Neu a casa de la tieta Sandra. Puc trucar a l'Àlvar i demanar-li que porti un dels remolcs de la granja quan vingui a buscar-te dimecres, i així podràs endur-te la Neu. Estic segura que a la tieta Sandra no li farà res. Un cavall més en aquella enorme granja no es notarà.

La Mar va incorporar-se.

—De veritat que la Neu podria venir amb mi?

—No veig per què no —va dir la senyora Castany, que se sentia orgullosa de la idea que havia tingut—. Saps una cosa? Ara mateix trucaré a la tieta i li ho pregunto.

La senyora Castany va baixar les escales de pressa i un instant després la Mar va sentir com parlava per telèfon i reia parlant amb la seva germana.

«Si pogués endur-me la Neu —va pensar la Mar—, potser no seria tan espantós anar a la granja de la tieta.»

A la Mar li queia bé la tieta Sandra. Per a començar, tenia molta afició pels cavalls. La Mar sempre pensava que era injust que la seva mare gairebé els odiés i la seva tieta Sandra els adorés. Si la tieta Sandra hagués estat la seva mare, hauria tingut un poni molt abans i no s'hauria passat anys demanant-lo fins que la mare va acceptar i va comprar-li el Místic.

La senyora Castany no entenia per què la Mar estimava tant els cavalls.

—Deu ser genètic. La teva tieta era igual que tu quan tenia aquesta edat —li havia dit la mare més d'una vegada—. A la Sandra la tornaven boja els cavalls! I ara mira-la... Té set cavalls, un porc vietnamita, una cabra, unes quantes ovelles, tres gossos i... Déu sap quants animals més deu haver-hi en aquella granja de bojos!

La feina de la Sandra consistia a ensinistrar animals per a fer pel·lícules de cinema. Tres anys abans havia decidit dirigir el seu negoci, i per això va comprar la granja de l'Aranyó per a tenir cura i ensinistrar la seva col·lecció d'estrelles de cinema de quatre potes.

La granja de l'Aranyó era una antiga casa pairal laberíntica situada dalt de tot d'un turó que hi havia a prop de la ciutat de Les Fonts. Segons sembla, la casa pairal i els camps havien estat grandiosos en els bons temps, però la Sandra havia aconseguit aquell lloc per pocs diners perquè estava en molt males condicions.

La casa pairal de l'Aranyó era enorme (tenia onze habitacions), però la Sandra vivia sola. S'havia casat tres vegades: les tres bodes van ser meravelloses!, havia dit a la Mar, però no havia tingut fills. La Mar era la seva «neboda preferida», i sempre feia broma amb això perquè, en realitat, era l'única neboda que tenia.

La Sandra s'encarregava de la granja ella sola, i l'única ajuda que tenia era la del noi que s'encarregava dels estables, l'Àlvar. Amb una cama enguixada i tots aquells animals per a cuidar, segur que necessitava ajuda.

La Mar va sentir com la mare penjava el telèfon i pujava les escales. Quan va entrar a l'habitació de la Mar, lluïa un enorme somriure a la cara.

—Bones notícies! La tieta Sandra diu que li encantaria conèixer el teu cavall, Mar. Tot serà perfecte. Hi ha un box lliure per a la Neu al complex de l'estable i el prepararan per a quan arribis amb l'Àlvar. Vindrà dimecres al matí amb el camió. És un viatge molt llarg... Probablement no arribareu a la granja fins al vespre.

—De veritat? Aleshores la Neu ve amb mi? I ens n'anem tan aviat? —va preguntar la Mar.

La senyora Castany va percebre una expressió d'inseguretat a la cara de la seva filla.

—Mar? Pensava que te n'alegraries. Pots endur-te la Neu... Hi ha molts camps per a cavalcar allà... Aquella finca és enorme... Podries muntar durant tot el dia sense sortir-ne!

—Ja ho sé..., vull dir, que sí, que és genial, mare. De veritat. I vull ajudar la tieta Sandra i tot això... —la Mar va sospirar—. Però és que l'Estel, la Cris i jo teníem plans per a tot l'estiu, i ara no seré aquí amb elles. I en Tomàs? Espera que munti en la competició de doma i...

—Estic segura que l'Estel i la Cris ho entendran. Sé que a totes tres us costa molt separar-vos, però potser t'anirà bé passar un temps sense elles per una vegada —va dir la senyora Castany—. Respecte d'en Tomàs, deixa'm que hi parli jo. Segur que estarà d'acord amb mi que encara que no entrenis durant unes setmanes, això no farà que perdis les teves probabilitats de competir a Badminton.

—Mare! Com si jo estigués disposada a no fer-ho! —va riure la Mar.

—Ep! Sabia que tornaries a riure —la senyora Castany va dedicar un ample somriure a la seva filla—. Ara traurem la maleta i ens assegurarem que tens prou roba neta per a omplir-la, d'acord? Dóna'm aquell munt de roba bruta que hi ha allà, i comencem!

La notícia que la Mar se n'anava a la granja de l'Aranyó va deixar muda l'Estel..., però només un moment.

—Estel? —va dir la Mar. Va produir-se un silenci a l'altre costat del telèfon, i després de l'auricular va sortir-ne de cop un torrent de paraules.

—No em puc creure que la teva mare t'estigui fent això! Tenim plans, Mar. Grans plans! Què passa amb la competició de doma? Què passa amb les vacances d'estiu? No és just! Quan de temps seràs fora?

—No ho sé. Suposo que m'hi estaré fins que la meva tieta estigui millor i pugui valer-se per si sola —va sospirar la Mar—. Ja saps que sóc la seva neboda preferida i tot això...

—Molt graciosa, Mar! La teva mare i les seves idees ens han esguerrat les vacances. Ho has explicat a la Cris?

—Encara no —va dir la Mar—, volia dir-t'ho a tu primer perquè sabia que t'ho prendries així de bé.

L'Estel va fer unes rialletes en sentir això.

—Tens raó, m'estic passant, oi? Només marxaràs un parell o tres de setmanes. Suposo que podrem enviar-nos correus mentre siguis allà.

—La veritat és que no sé si la meva tieta Sandra té correu electrònic. La seva granja és enmig del no-res. L'Àlvar vindrà a recollir-me dimecres al matí i estarem tot el dia de viatge.

—Qui és l'Àlvar? —va interessar-se l'Estel.

—Treballa per a la meva tieta. S'encarrega dels estables i portarà un remolc de la granja per a endur-nos la Neu.

—Quants anys té? És ben plantat?

—Estel! No ho sé. M'imagino que deu tenir setze o disset anys. No tinc ni idea de l'aspecte que té. Mai no he anat a la granja i no el conec, d'acord? —va rondinar la Mar.

Últimament l'Estel estava una mica boja pels nois, la qual cosa molestava una mica la Mar. Ella ni tan sols havia pensat en l'aspecte que devia tenir l'Àlvar..., però ara va adonar-se que ell arribaria l'endemà i hauria de passar tot el dia amb ell durant el viatge cap a la granja.

—Val més que ho digui a en Dani. Estic segura que estarà gelós —va riure l'Estel.

—Estel! No ho facis! —va suplicar la Mar.

En Dani havia demanat a la Mar que sortís amb ell una vegada (si més no, això pensava ella), però tot va resultar molt confús perquè també ho havia demanat a la Natàlia; després va arribar a pensar que potser mai no havia estat una cita. De qualsevol manera, tot va ser un embolic i després d'allò no havia passat res més.

La Mar va sospirar.

—Bé, sí, fes-ho. Digues a en Dani i a en Biel que me'n vaig, i també a la Natàlia, ja que t'hi poses. Estic segura que l'emocionarà saber que no competiré contra ella en doma.

L'Estel va rondinar.

—Nooo! La Natàlia! Me n'havia oblidat del tot! Es posarà insuportable si guanya. Mar! Com pots abandonar-me així? No te'n vagis, si us plau!

—He de penjar, Estel —va dir la Mar—. He de fer les maletes i després netejar els arreus de la Neu, preparar els protectors de les potes i assegurar-me que tot l'equipament està a punt per al viatge...

—D'acoooord, d'acord —va sospirar l'Estel—, però més et val que m'enviïs un correu. I si no tens correu electrònic, aleshores envia'm un colom missatger o alguna cosa que arribi fins aquí.

—Coneixent la tieta Sandra, no em sorprendria que hagués ensinistrat un colom... —va dir la Mar entre rialles—. Tracte fet..., t'enviaré una carta per colom missatger.

L'Àlvar havia d'arribar a les set del matí de dimecres a recollir la Mar; però quan la Mar va enretirar les cortines a les sis per a veure quin dia feia, va veure la camioneta amb el remolc de cavall aparcada a fora.

—Mare? —va cridar mentre baixava les escales, encara en pijama—. El remolc ja és aquí fora.

—Ja ho sé —va contestar la seva mare des de la cuina—; vine, que coneixeràs l'Àlvar.

La Mar va trobar-se la mare preparant cafè per a un noi jove amb texans i camisa de quadres que era assegut a la taula. El noi, que no semblava gaire més gran que la Mar, tenia els cabells negres i un serrell llarg que li queia per un costat de la cara gairebé fins als ulls. Va aixecar-se fins que la Mar va seure al seu costat, i va estirar la mà per a estrènyer la d'ella.

—Hola —va saludar—, sóc l'Àlvar.

—Hola, Mar! Vull dir... Hola, sóc la Mar —va contestar ella, nerviosa, estrenyent la mà de l'Àlvar—. Ho sento, encara no m'he vestit —va dir mirant-se el pijama mentre s'adonava que el portava ple de gatets roses—. No t'esperàvem tan aviat.

—Vaig arribar tard ahir a la nit, i he dormit al remolc —va respondre l'Àlvar.

—No és incòmode? —va preguntar la senyora Castany.

—És millor que el meu llit de la granja! —va dir l'Àlvar—. Pot semblar un remolc de cavall per fora, però per dins és tot un luxe. La Sandra l'ha condicionat i hi ha posat dos llits i una dutxa, i així podem viatjar amb els cavalls.

També hi ha una petita cuina —va afegir—, però mai no la faig servir. No sóc gaire bon cuiner.

—Bé, no t'amoïnis per això, jo et faré l'esmorzar —va somriure la senyora Castany.

—Gràcies, tinc força gana —va contestar l'Àlvar somrient.

Va mirar la Mar, que estava amb la vista clavada a la taula, molt avergonyida perquè un noi l'hagués conegut vestida amb el pijama dels gatets. La senyora Castany va adonar-se que la seva filla se sentia incòmoda allà asseguda.

—Mar, trigaré una mica a preparar l'esmorzar. Per què no vas a dutxar-te i vestir-te, i et crido quan estigui preparat? —va suggerir.

—Gràcies, mare —va contestar la Mar, agraïda de veritat.

Quan va baixar les escales per segona vegada aquell matí, la Mar ja era a punt per a marxar. Portava els seus texans preferits, unes botes de cuir marró i la seva samarreta favorita. Els seus cabells llargs i foscos ara estaven ben raspallats i recollits en una cueta alta. Portava una bossa de viatge grossa a l'espatlla i arrossegava una maleta amb la mà dreta.

—Deixa'm que t'ajudi —va dir l'Àlvar agafant-li l'equipatge—, ho posaré al remolc. —L'Àlvar va sortir per la porta principal amb l'equipatge i la Mar va seure a la taula mentre la seva mare li servia ous amb cansalada.

—L'Àlvar ja ha esmorzat. Quan acabis podreu marxar —va dir la senyora Castany mentre se servia una tassa de cafè i seia al costat de la Mar—. L'Àlvar t'ajudarà a carregar la Neu al Poni Club i després marxareu directament cap a la granja. La tieta Sandra us espera cap a les cinc. He preparat un pa de pessic perquè te l'emportis. La Sandra és mala cuinera per als dolços...; de fet, tot el que cuina és horrible! Probablement tornis tan prima com un filferro —va dir la senyora Castany, i després va fer una gran abraçada a la seva filla—. T'he posat una bossa grossa de pastanagues per a la Neu, per si té gana durant el viatge.

La Mar va somriure.

—Gràcies, mare —va dir.

—Cuida't, bonica. I truca'm cada nit, d'acord? —va afegir la senyora Castany mentre encara abraçava la Mar.

—Mare, deixa'm respirar, he de marxar —va dir la Mar, rient.

—Estàs a punt? —va preguntar l'Àlvar traient el cap per la porta de la cuina—. El remolc ja està carregat. Anem a buscar el teu cavall!

Van trigar només cinc minuts a arribar al club d'hípica, i la Mar no va dir res durant el camí. Tampoc no va dir res mentre posava els protectors a les potes de la Neu i carregava l'euga castanya al remolc, ni quan la lligava ni col·locava la xarxa de fenc per al viatge.

La Mar va esperar a la camioneta que l'Àlvar aixequés la rampa, i després van sortir per les portes del Poni Club. La Mar va fer un últim cop d'ull als cavalls que quedaven enrere.

—Adéu, Fumall. Adéu, Celeste —va murmurar. Tenia una sensació estranya a l'estómac, com si li voleiessin papallones, com li passava sempre abans d'una competició de salts. Va tombar el cap per a mirar per la finestreta de la cabina. La Neu anava feliç mastegant fenc de la xarxa. La Mar va prémer el nas contra el vidre i va observar el seu poni, aturant-se en la delicada concavitat del nas i els profunds ulls foscos sobre els quals li queia un ble ros platí.

—És bonica, oi? —va dir l'Àlvar.

—Què?

—La teva euga —l'Àlvar va somriure—. Anglo-àrab, oi? Mig àrab i mig pura sang.

—Exacte! —va dir la Mar.

—Sembla una euga molt especial. On vas aconseguir-la? —va preguntar l'Àlvar.

—És una llarga història —va contestar la Mar.

—També és un viatge molt llarg —va dir, somrient, l'Àlvar—, per tant, per què no comences? Potser has acabat abans que arribem a la granja.

La Mar va riure.

—D'acord —va dir. I va explicar a l'Àlvar tota la història de la Neu.

Va començar des del principi, des de la terrible tragèdia de la mort del Místic. Quan va perdre el seu estimat poni gris, pensava que mai no podria estimar tant un altre cavall. Aleshores va arribar en Tomàs amb la Neu. La Lliga Internacional per a la Protecció del Cavall l'havia rescatada en un estat lamentable; estava atemorida i morta de gana. La Mar li havia donat tot l'amor que li quedava per a guanyar-se la seva confiança i aconseguir que es recuperés. Gairebé la perd una altra vegada quan la Françoise Darth va arribar a Cap Cavaller i va dir que la Neu era en realitat una de les famoses eugues àrabs de l'*Espectacle Dansa Magnífica.*

—Deu valer una fortuna! —va exclamar l'Àlvar.

La Mar va assentir amb el cap.

—Suposo que sí. La veritat és que no ho sé. Quan la Françoise va tornar-me la Neu, va dir-me que algú havia pagat i volia que fos per a mi. Ara és meva per a sempre. Encara no sé qui va ser o quant va pagar per ella..., i com que mai no la vendré, tant m'és el que val.

L'Àlvar va mirar la Mar.

—Has viscut moltes coses amb aquesta euga, oi? Ja entenc per què no la volies deixar enrere.

—És la meva millor amiga —va somriure la Mar.

L'Àlvar tenia raó. El viatge era molt llarg. Van sortir de la ciutat i van arribar al camp, i eren ja les cinc de la tarda quan arribaven al cim del turó per a després baixar pel camí que portava a l'entrada de la granja. El camí de pedra calcària gairebé semblava un túnel que travessava el frondós bosc que els envoltava. Els arbres no deixaven passar la llum per sobre d'ells, i la Mar podia sentir les esgarrinxades i cruixits de les enormes branques que penjaven per sobre quan fregaven el sostre de la camioneta. Va enganxar el nas a la finestreta i va mirar l'exterior, les exuberants falgueres, les flors roses i grogues brillants i les branques de les pomeres silvestres plenes de fruita vermella. Quan per fi la camioneta va sortir a la llum daurada de la tarda, va trobar-se davant una enorme casa blanca de dues plantes, amb galeries victorianes entramades i amples terrasses a la segona planta. Hi havia cirerers en plena floració que cobrien el prat circular situat davant de la casa.

Dreta al centre del prat, sota els cirerers, hi havia la tieta Sandra. Portava un vestit llarg blanc de cotó i els seus cabells, rossos i rinxolats, li queien sobre les espatlles. Van sentir-se els lladrucs de tres gossos que van sortir de la casa i van unir-se a ella. Un era un labrador, un altre era un enorme i pelut terranova de color negre, i el tercer, un llebrer blanc i negre.

Mentre anaven cap a la casa pairal, els gossos saltaven alegrament per a posar les potes a sobre la camioneta. Finalment, la camioneta va aturar-se davant dels cirerers. Després, els gossos van tornar a marxar corrents i van seure obedientment al costat de la dona del vestit blanc de cotó.

—Aquí quiets —va manar la Sandra als gossos. Tots tres van col·locar el cap sobre les potes i van quedar-se completament quiets mentre ella s'apropava a la camioneta i obria la porta de la Mar.

—Tieta Sandra! —va exclamar la Mar amb un somriure radiant.

—Marcel·la! La meva neboda preferida! —la Sandra va alçar els braços per a ajudar-la a baixar de la cabina—. Benvinguda a la granja de l'Aranyó.

CAPÍTOL 3

La tieta Sandra va portar la Mar pel passeig dels cirerers fins a arribar en un camí ample que duia a l'entrada principal de la casa pairal de l'Aranyó.

—Deus estar morta de gana després d'un viatge tan llarg! —va dir—. No t'amoïnis pel teu poni. L'Àlvar el traurà del remolc i el posarà a l'estable. Tu vine amb mi. T'he preparat un bon berenar.

Va resultar que el berenar eren tres torrades cremades amb un suc de taronja molt amargant.

—Probablement la teva mare ja t'ha dit que cuino fatal —va dir la Sandra, somrient—, i jo puc confirmar-te que té raó i que no he millorat gens ni mica.

Mentre la Mar menjava, la Sandra estava asseguda al seu costat amb la cama repenjada en una cadira. La Mar no se n'havia adonat al principi, però sota el vestit blanc de cotó que portava la tieta Sandra hi havia un guix de color rosa que anava des dels dits dels peus fins al genoll.

—Apa! —va exclamar la Mar.

—Bonic, oi? —va somriure la Sandra donant uns cops al guix amb els nusos—. Van deixar-me escollir el color, ho sabies? El rosa és tan guai... Se suposa que encara hauria de fer servir les crosses, però no les suporto, i per això faig servir un bastó o algunes vegades camino fent saltironets —va continuar la Sandra—. El camí que baixa cap als estables es fa molt llarg quan vas amb un sol peu, això t'ho puc assegurar, i trigo una eternitat a donar el menjar als animals de la granja.

—Què et va passar, tieta?

—Doncs estava entrenant un dels cavalls, el Diable. Li ensenyava a estirar-se i fer-se el mort, com si li haguessin disparat, ja ho saps, com a les pel·lícules de l'oest. Bé, doncs va estirar-se perfectament, però just a sobre meu! No va ser culpa seva, per descomptat. Ell només feia el que jo li havia demanat, però em va trencar la cama per dos llocs, i ara ets aquí! —va somriure la Sandra—. He de confessar-te que m'encanta que la meva neboda preferida i la seva misteriosa euga siguin aquí per a ajudar-me.

—La Neu! Hauria d'anar a veure com està —la Mar va inquietar-se de sobte—. No està acostumada a canviar d'estable i no coneix els teus cavalls. Hauria de...

—No t'amoïnis per la Neu —va interrompre-la la Sandra amb veu molt ferma—, l'Àlvar la cuidarà molt bé. Havia treballat en un estable de luxe a Irlanda quan no era gaire més gran que tu... Tenia cura dels cavalls de cursa d'un poderós sultà àrab. Tot era molt luxós, i els cavalls terriblement cars! Estic segura que tenir cura d'un poni com el teu és una de les seves habilitats. Baixarem d'aquí a una mica perquè puguis comprovar com està, però primer...

La tieta Sandra va arrossegar la cama cap a la porta que conduïa al vestíbul principal..., la visita guiada a la casa pairal!

—Em sembla que començarem per la planta principal —va dir la Sandra—. Sí, sí, segueix-me.

La Sandra va guiar la Mar per un laberint d'enormes sales amb plafons de fusta, cadascuna millor que l'anterior. Totes tenien els sostres alts, extensos terres de parquet molt desgastat i canelobres de vidre que brillaven. Les parets, empaperades amb paper ja destenyit, estaven adornades amb cornamentes d'animals i caps de porc senglar. Per tot arreu hi havia quadres de curses de cavalls i fotografies en blanc i negre de grans dames antigues que miraven règiament des dels seus marcs.

—A mi no m'agraden, ja m'entens —va dir rient—. Jo sóc una mica més elegant, oi? Una gran part d'aquestes coses ja eren aquí quan vaig venir a viure-hi. Em van vendre aquest lloc tancat amb clau i amb tots els mobles a dins —va afegir mentre feia saltirons per la sala de jocs, on hi havia una taula de billar americà sota la mirada vigilant de dos grans faisans dissecats.

La Sandra caminava de pressa per la casa pairal. La Mar pensava que el guix obligaria la seva tieta a moure's a poc a poc, però amb el bastó que havia agafat d'un cistell de vímet del vestíbul s'impulsava sobre una cama i saltava amb força rapidesa, malgrat que els tres gossos no l'ajudaven gaire a avançar. La Sira, el labrador, el Tsar, l'enorme terranova negre, i el Tristany, el llebrer blanc i negre, corretejaven constantment al voltant de la Sandra, posant-se-li entre les cames i gairebé fent-la ensopegar mentre caminava d'una habitació a l'altra.

—Aquesta és la sala de ball, i aquí hi ha les estances dels servents..., la qual cosa no vol dir que tinguem servents.

—I on viu l'Àlvar? —va preguntar la Mar.

—Ell té una caseta molt bufona a sota el turó, a prop dels estables. És tot just al costat de l'estany —va dir la Sandra—, te l'ensenyaré quan fem la nostra ruta per l'exterior. Ara segueix-me fins al pis de dalt.

La gran i majestuosa escala de fusta era al centre de la casa pairal.

—Hi ha set habitacions al pis de dalt —li explicava la Sandra mentre pujaven—. Aquesta serà la teva.

La Sandra va obrir la porta i va indicar a la Mar que hi entrés. L'habitació era enorme, però molt acollidora. Les parets estaven empaperades amb el paper més bonic que la Mar havia vist fins aleshores, il·lustrat amb dibuixos antics de pura sangs de curses amb els genets uniformats. A sobre la gran llar de foc hi havia un quadre a l'oli d'un preciós cavall gris amb una crinera llarga i sedosa. Havien retratat el cavall en moviment, a mig galop, amb el coll arquejat i el cap dret.

—Oi que és preciós? —va dir la Sandra, somrient—. És el Napoleó. Era el meu cavall preferit, un briós semental suec. L'adorava! Podria passar-me hores mirant aquest quadre...

La seva veu es va perdre mentre observava la pintura. Després va agafar l'equipatge de la Mar i va posar-lo sobre el llit amb dosser.

—Som-hi —va dir somrient a la Mar—, aquí s'acaba la ruta per l'interior. Ara sortim a l'exterior. Anem a veure aquest cavall tan bonic que tens, d'acord?

Si la Sandra s'havia desplaçat amb rapidesa per dins de la casa pairal, el llarg camí que baixava cap als estables va semblar l'esprint final. El camí vorejava la casa i després baixava per un jardí ple d'enormes arbres. Sota els arbres hi havia jardins plens de magnòlies, camèlies i falgueres que envoltaven un prat d'herba verda coberta de margarides. Al final del prat, una pista de tennis semblava haver viscut temps millors. Les males herbes creixien per tot arreu i la xarxa de tennis estava trencada i enfonsada del centre.

—Com pots imaginar-te, el tennis no està entre les meves prioritats —va dir la Sandra donant un copet al guix—, però si tu vols jugar-hi, segur que hi ha raquetes en algun lloc.

Van continuar el passeig cap als estables. La Sandra s'havia d'aturar de tant en tant per a descansar i agafar forces, i es repenjava a les enormes roques que seguien la línia del camí. Cada vegada que s'aturava, els tres gossos es quedaven quiets al seu costat, molt obedients, esperant que ella els donés instruccions per a posar-se de nou en marxa.

—Per això em cal la teva ajuda, Marcel·la —va dir la Sandra—. No puc manejar els animals, i l'Àlvar té massa feina i no pot fer-ho tot ell sol. A més, el Rodanxó no suporta l'Àlvar, així que no pot ocupar-se'n.

—Qui és el Rodanxó? —va preguntar la Mar.

Només dir això, va tombar la cantonada des de darrere dels estables un porc pelut, negre i enorme, que avançava pesadament.

—Rodanxó! —va cridar la Sandra—. Vine a conèixer la Marcel·la!

El porc va grunyir feliç i va començar a córrer per a apropar-se a elles. Les seves diminutes peülles semblaven incapaces de suportar el seu enorme volum mentre es dirigia tentinejant cap a elles.

—El Rodanxó és una de les meves superestrelles —va xiuxiuejar la Sandra mentre li donava una pastanaga i el gratava amb força darrere de les orelles amb un bastó—. Saps que ja ha sortit en tres anuncis de la tele aquest any? És el porc que surt a l'anunci d'aquell banc..., ja ho saps, el de les guardioles en forma de porquet... És força famós, oi, Rodanxó? Li ensenyem a la Mar algun dels teus trucs?

La Sandra va abaixar el bastó de gratar, va aixecar-se de la roca, va treure una altra pastanaga i va posar-la enlaire per sobre el seu cap.

—Demana-me-la, Rodanxó! —va manar-li.

El porc va grunyir i després va moure el seu enorme cos per a desplomar-se enrere i quedar assegut sobre els malucs. Lentament va adoptar la postura i va alçar del terra una de les manetes del davant i després l'altra, de manera que va quedar-se en equilibri sobre les potes del darrere. Semblava un gos demanant alguna cosa.

—Bon noi! —la Sandra va elogiar-lo i va llançar la pastanaga a l'aire. El Rodanxó va obrir la boca, va entomar la pastanaga a l'aire i va mastegar-la amb avidesa amb les enormes mandíbules.

La Sandra va treure una altra pastanaga. Aquesta vegada va col·locar-la just davant d'ella com si es tractés d'una vareta màgica.

—Fes-te el mort! —va manar al porc. El Rodanxó va fer un gruny i després va caure a plom d'una forma molt teatral produint un so sord. Va quedar-se completament quiet, i ni tan sols va moure's quan la Sandra va donar-li un copet amb el peu—. És mort —va xiuxiuejar la Sandra—. Quin porc més bo! Molt bé, Rodanxó, amunt! —el Rodanxó va grunyir una altra vegada i va alçar el cap, després va agafar impuls amb les manetes del davant i sense gaire gràcia va aixecar-se i va quedar-se mirant la tieta Sandra—. Ben fet, Rodanxó meu!—va exclamar mentre li donava una altra pastanaga.

—Com t'ho has fet per a ensenyar-li aquests trucs? —va preguntar la Mar, sorpresa.

—És molt fàcil ensinistrar els porcs; són més intel·ligents que els gossos —va contestar la Sandra—. Tinc el Rodanxó des que era petit, i sempre he sabut que era molt intel·ligent. L'Àlvar va sorprendre'l a l'hort quan encara era un porcell i va llançar-li una gla. El Rodanxó encara no li ho ha perdonat. Aquesta és la raó per la qual tu hauries de fer-te'n càrrec i continuar entrenant-lo mentre siguis aquí.

—Però jo no sé entrenar porcs! —va exclamar la Mar.

—No t'amoïnis, jo te n'ensenyaré, és força senzill —va animar-la la Sandra—. He preparat una llista de rutines. L'Àlvar tindrà cura de les gallines i dels ànecs. Tenen un paper important en aquesta pel·lícula i han d'aprendre's bé el paper.

Un dels ànecs ha d'obrir una porta... Ja pots imaginar-te l'embolic que suposa fer-li entendre això. Tu estaràs a càrrec dels conills —va continuar la Sandra—, n'hi ha set i són molt divertits, ja ho veuràs. També t'ocuparàs del Rodanxó, per descomptat, i després de la Pampa i la Flor.

—Més porcs? —va preguntar la Mar.

—No, estimada, una vedella i una cabra. Totes dues són una mica trapelles i em temo que hauré d'estar darrere dels seus entrenaments. Valdrà més que siguis molt ferma amb elles.

—Què és el que els he d'ensenyar exactament? —va preguntar la Mar sentint-se una mica incòmoda.

—Bé, coses normals. Quan han d'aturar-se i quan han de moure's, saludar amb el cap i sacsejar-lo..., el normal! —va concloure la Sandra—. M'he trencat la cama en un moment tan dolent..., just quan necessiten totes les meves petites estrelles per a aquella gran pel·lícula. *La granja dels novells,* es titularà. És un equip de rodatge americà. Vindran el mes que ve per a començar a rodar. Necessiten animals de corral que sàpiguen actuar... i aquí és on entro jo. Els meus animalets són els millors, els més bonics i els més intel·ligents —la Sandra va gratar de nou el Rodanxó darrere de les orelles amb el bastó i després va començar a caminar cap als estables. El porc va seguir-les, trotant al costat dels gossos—. Els cavalls van ser el meu primer amor, per descomptat —va afegir la

Sandra mentre s'apropaven als estables—; els altres animals són adorables, però hi ha alguna cosa realment màgica en els cavalls, no hi estàs d'acord? —va mirar a la Mar d'una forma estranya quan va dir això, i la Mar no va saber què contestar-li. Fins i tot la tieta Sandra se sorprendria si li expliqués la història del Místic.

El poni gris de la Mar havia estat un cavall molt especial. L'havia estimat molt. Va sentir que el món s'acabava el dia que va morir. Però des d'aleshores..., bé, potser sí que hi havia quelcom de màgic, i era la paraula exacta per a definir-ho. La Mar havia enyorat tant el seu cavall que al principi no es podia creure que el Místic hagués tornat al seu costat. Apareixia sempre que el necessitava... i no com un fantasma, sinó com un cavall real. Havia salvat la Mar i la Neu més d'una vegada. Si algú creia en la màgia dels cavalls, era la Mar. Però la Mar sabia per instint que el Místic havia de ser un secret..., i en qualsevol cas, com podia explicar una cosa així a la seva tieta Sandra o a cap altra persona?

L'estable era un edifici gran, d'una sola planta, amb llistons de fusta sobreposats i pintats d'un color banc torrat. A prop de l'estable hi havia una pista de sorra coberta, no com una pista de doma, sinó com un corral rodó amb parets altes i grades de seients.

—Aquí és on faig els ensinistraments perillosos —la Sandra va assenyalar amb un gest quan van passar pel costat per a dirigir-se a les enormes portes corredisses que conduïen fins al complex de l'estable.

—Tot és molt bonic! —la Mar estava emocionada. Les portes de l'estable eren de fusta de color mel. Cadascuna de les portes dels compartiments o boxes estaven adornades amb un cap de cavall tallat en fusta i una placa amb el nom de cadascun.

—Aquí hi tenim set cavalls, així que hi ha molt d'espai per a la Neu —va explicar la Sandra mentre caminaven—. L'hem posat aquí, en aquest box de la dreta. Per què no anem a veure com està abans d'anar a conèixer els altres?

La Mar va caminar cap al box. Va passar la mà pel cap tallat de la porta. Aquesta no tenia placa, però de seguida va sentir el renill de la seva euga a l'altre costat de la porta.

—Neu? Hola, preciosa, sóc jo —va dir la Mar.

L'euga va quedar-se quieta un moment escoltant la veu de la Mar. Després va tornar a renillar suaument, aquesta vegada més fort. La Mar va notar que es movia intranquil·la per dins el box.

Va obrir la part superior de la porta i va tirar-la enrere. Allà era la Neu, al racó més allunyat, al costat de la xarxa de fenc. Va renillar feliç i de seguida va apropar-se a la Mar, va acaronar les mans de la nena amb el morro suau i va agafar-li una pastanaga que duia al palmell. La Mar va alçar la mà i va acaronar la Neu per darrere les orelles, enredant els dits entre la crinera llarga i rossa de l'euga.

—Caram! —va dir la Sandra—. La teva mare va explicar-me tota la història —va afegir—, per això sabia que la Neu era preciosa; però és molt més que això, oi? És un poni molt especial.

La Mar va assentir amb el cap, en silenci.

—Sé un parell de coses sobre els cavalls especials —va continuar la Sandra—. Vine, vull que els coneguis. —La Sandra va anar cap al següent box i va obrir-ne la balda de la porta.— Ara saludarem el Tità.

La Mar va mirar a dins però era buit.

—Ups..., tieta Sandra? Aquí no hi ha cap cavall —la Mar estava confusa. Va mirar el box desocupat i després la seva tieta, que tenia un somriure divertit a la cara. Després va sentir alguna cosa, el dèbil so dels cascs d'un poni sobre la palla. La Mar va treure el cap per la part superior de la porta i allà, amagat a la vista, a l'altre costat, hi havia el poni més petit que havia vist mai!

—El Tità és de raça Falabella..., un cavall miniatura — va explicar la Sandra—. Fa 90 cm, però per a ser un cavall tan petit, té molt de caràcter! I és molt manaire també.

Manté a ratlla els cavalls grans, t'ho puc assegurar..., oi, Tità?

El diminut cavall va alçar el cap per a mirar la Mar i la Sandra. Amb prou feines se li veien els ulls per sota d'un ble de la crinera marró quan va acceptar la pastanaga que li oferia la Sandra.

La Sandra va deixar oberta la part superior de la porta i va anar fins al box següent.

—Aquest és el Teo —va dir. La Mar va mirar avall esperant trobar-se un altre cavall miniatura, però el Teo era tot el contrari. Era un enorme cavall fosc de raça Clydesdale, amb una àmplia ratlla blanca que li baixava fins al nas—. El Teo fa un metre vuitanta —va dir la Sandra—. Hauries de fer servir una escala per a enfilar-t'hi.

La Mar va estendre la mà per a donar un copet al nas del Teo. El cavall era tan alt, que la nena va haver d'estirar-se.

—És molt bo. I molt bo en els trucs de salts —va dir la Sandra mentre anava cap al següent box—. Aquest és el Diable, el cavall tanoca que va trencar-me la cama. —El Diable, un elegant cavall clapat de raça quarter americà, blanc i negre, va treure el cap de dos colors per sobre el box.— Al Diable li encanta fer trucs de vaquer. És una mica presumit, però l'adoro —va dir la Sandra—. Diable! Compta fins a deu! —va manar al cavall.

L'elegant clapat va començar a donar cops amb el casc contra el terra del box: un..., dos..., tres..., quatre..., cinc..., sis..., set..., vuit..., nou..., deu!

La Mar estava realment sorpresa, però la tieta Sandra va limitar-se a arronsar les espatlles.

—No és una qüestió d'intel·ligència, simplement és un senzill truc. T'ensenyaré com es fa.

Va creuar fins a l'altre costat de l'estable, va continuar caminant per la filera i va obrir les portes de dos boxes. Per a sorpresa de la Mar, a cadascun hi havia un cavall palomino. S'assemblaven tant, que gairebé eren idèntics.

—Saluda les noies! —va dir la Sandra—. Aquestes són les meves dues estrelles, la Britney i la Madonna —la Sandra va quedar-se davant les eugues daurades—. Són tan espectaculars com les originals, però les meves eugues són molt més elegants —va dir rient.

La Sandra va obrir les portes dels últims boxes.

—Aquest és l'Escocès —va dir, donant un copet al nas d'un enorme cavall clapat castrat amb la cara blanca—, no és l'estrella, no té la qualitat d'agradar a les càmeres, però és una bona aposta per a representar papers secundaris —la Mar va donar una pastanaga a l'Escocès mentre la Sandra continuava caminant cap a l'últim box, on hi havia un elegant cavall fosc—. El Tornado és el noi dolent de l'estable—va sospirar la Sandra—, però farà tot el que li demanis si el subornes amb alguna llaminadura. El muntava en concursos d'hípica fa uns quants anys. Encara surto amb ell alguna vegada. Si més no, ho he fet fins aquesta temporada —va afegir donant-se un copet al guix i arronsant les espatlles—. He intentat ensenyar al Tornado els mateixos trucs que als altres, però he fracassat, no vol aprendre. És molt intel·ligent i tossut. Suposo que pensa que és superior —la Sandra va treure's un caramel de la butxaca i va donar-lo al cavall. El Tornado va xuclar-lo feliçment i va treure el cap pel box demanant-ne més.

La Sandra va passar el braç per les espatlles de la seva neboda i va mig abraçar-la mentre mirava al voltant amb satisfacció.

—Bé! Ara ja els coneixes tots. Què et semblen?

La Mar va fer una abraçada a la seva tieta.

—Crec que aquest lloc és de bojos —va dir rient—. I crec que seran les millors vacances de la meva vida!

CAPÍTOL 4

La Mar podia sentir les ones acaronant-li els peus. Movia els dits a l'aigua del mar càlida i deliciosa. De sobte, va despertar-la un pessic en un dit i va incorporar-se al llit. La Sira, el labrador, llepava amb energia els peus de la Mar que sortien per sota l'edredó.

—Ai, Sira, vés-te'n d'aquí! —va cridar la Mar llançant un coixí a la gossa, que va marxar feliç cap a la porta.

La Mar va sortir del llit i va recollir el coixí de terra. El despertador deia que només eren les set del matí. Amb ulls de son, va posar-se els texans i una camisa blau marí de màniga curta i va baixar a la planta inferior. L'Àlvar no la sorprendria per segona vegada amb el pijama de gatets a la cuina.

—Ep! He fet venir la Sira perquè et despertés. Veig que ha fet bé la seva feina —va dir somrient la tieta Sandra quan la Mar entrava a la cuina—. Has dormit bé?

—Molt bé! —va respondre la Mar.

—Seu, he preparat l'esmorzar —va dir la Sandra, i va començar a servir als plats una cosa estranya amb grumolls que hi havia en una paella—. Creps! —va anunciar, radiant. Després va arronsar el front i va tornar a mirar-s'ho—. O potser són gofres? No recordava bé la recepta i em sembla que m'he confós quan estava a mitges... De totes passades, aquí hi ha una mica de xarop. Si te'n poses força, estic segura que estarà boníssim!

La Mar va posar-se un tros de crep a la boca i va comprovar que el seu sabor era tan estrany com el seu aspecte.

—Bé —va dir la Sandra observant com la seva neboda menjava lentament—. El temps promet ser bo avui. Per què no vas amb la Neu a explorar la granja? Té quilòmetres, ja ho saps. Estava buscant un mapa i després m'he distret amb les creps... —la tieta Sandra va deixar la paella i va començar a buscar per la cuina fins que va treure del calaix un tros de paper amb les cantonades doblegades—. És aquí..., un mapa de la granja de l'Aranyó —la Sandra va allisar el paper de pergamí sobre la taula de la cuina—. El nostre terreny s'estén des del Bosc dels Aranyoners, aquí, a la part del darrere de la finca —el seu dit seguia una línia vermella de punts—, cap a l'est, seguint el llindar del bosc cap al llac Aigües Profundes, i després puja pels turons i baixa cap a la carretera de la costa fins que arriba a la costa.

La Mar va mirar el mapa i va dubtar un moment.

—Però tieta, no hauria d'ajudar l'Àlvar amb els animals?

—Bé, ja hi haurà temps per a fer-ho! —va contestar la Sandra rient—. De moment l'Àlvar se'n surt bé, n'estic segura. Abans de començar a treballar cal que t'orientis. Fa un dia tan bonic! No fa cap bé ni als animals ni a les persones quedar-se tancats un matí com aquest.

Els gossos saltaven al seu costat mentre la Mar baixava pel camí de pedra i entrava per les pesants portes de fusta de l'estable.

—Neu, sóc jo! —va cridar la Mar mentre obria la balda de la part superior de la porta. La Neu va treure el cap de seguida per sobre la porta, acaronant la Mar amb el morro i renillant feliç.

—Bon dia, Neu! —va saludar la Mar—. M'has enyorat molt? T'has sentit sola aquí? —va donar-li una pastanaga i va notar el morro vellutat als seus dits—. Anem a fer un passeig.

Quan la Mar travessava l'estable amb la Neu camí de la porta, els altres cavalls van renillar suaument com si saludessin. El Diable va treure el seu preciós cap blanc i negre per la porta del box, i va dedicar-los un enèrgic renill.

—Bon dia també per a tu, Diable! —va dir la Mar, rient. La Neu feia saltirons al costat de la Mar i els seus cascs repicaven delicadament contra el terra de formigó dels estables.

La Mar va guiar la Neu pels corrals del bestiar que hi havia a la part del darrere dels estables i va aprofitar una de les fustes de la tanca per a repenjar-s'hi i muntar. Després va treure's el mapa de la butxaca de la camisa. A la dreta hi havia la bassa dels ànecs i una caseta envoltada de magnòlies, que la Mar va imaginar que era on vivia l'Àlvar. A l'esquerra hi havia una porta de cinc barrots i a l'altre costat de la porta un camí de terra que serpentejava al costat del camí del Bosc dels Aranyoners. La Mar va mirar el mapa. Hi havia una porta i després una línia de punts vermells on deia:

CAMÍ DEL CORRAL

—Deu ser aquest camí, Neu —va dir la Mar a l'egua—. Segons el mapa, el camí ens portarà per la vora del bosc i després travessarem la granja fins al llac Aigües Profundes.

La Mar va fer petar la llengua perquè la Neu passés per la porta i després va tancar el forrellat. Davant d'ella el camí d'argila vermella avançava molt proper als arbres.

La Neu trotava nerviosa pel camí, amb les orelles aixecades i el nariu inflat. L'euga se sentia lliure després de passar tantes hores al remolc i la nit a l'estable. L'únic que volia era córrer.

—Tranquil·la, Neu, tranquil·la —la Mar va calmar l'euga agafant amb fermesa les regnes. Sabia que no havia de deixar-la pensar per si mateixa tan aviat, especialment en un entorn nou i desconegut. Després, la Mar va pensar que ella també havia estat tancada i no era capaç de fer una passejada tranquil·la. Li passava el mateix que a la seva euga—. D'acord, d'acord, tu guanyes —va dir la Mar, somrient, i va preparar-se aixecant-se sobre els estreps i afluixant les regnes.

Tot d'una, la Mar va notar que l'estómac se li removia quan la Neu va sortir d'estampida endavant i la llançà a ella enrere. Va recuperar l'equilibri ràpidament i va reclinar-se sobre el coll de la Neu mentre l'euga començava a galopar. El terra d'argila vermella era dur per la calor de l'estiu i els cascs de la Neu creaven un ritme clar mentre corria. La Mar anava asseguda confiadament, sense gairebé moure's de la sella. No li calia animar la Neu perquè ella sola corria com si la seva vida en depengués.

A la dreta del camí, el terreny baixava de forma abrupta formant un vessant empinat d'herba on hi havia ovelles pasturant. A l'esquerra es veia el bosc, una espessor d'arbres i ombres, negres i verdes, que passaven fugaçment mentre anaven al galop.

De sobte, la Neu va fer un esbufec i va girar bruscament allunyant-se dels arbres. La Mar va cridar en notar que el centre de gravetat del seu poni canviava sota d'ella. Per un moment la Neu va tentinejar espantada molt a prop de la vora del camí, i la Mar va témer caure pel vessant.

—No! —va cridar la Mar, pensant ràpidament i intentant fer tornar al camí la Neu utilitzant les cames i estirant el mos de l'euga amb la regna esquerra. La Neu va respondre de seguida, va corregir la postura i la Mar va poder seure bé i agafar les regnes de nou.

Per què s'havia espantat així la Neu? Potser la Mar s'havia equivocat deixant-la galopar d'aquella manera tan aviat. Acabava de decidir que el millor seria frenar l'euga i continuar al trot la resta del camí quan va sentir un soroll al bosc que la va fer canviar d'idea.

Entre les ombres fosques dels arbres que tenien just al costat va sentir-se el soroll d'un animal travessant la malura. Encara que la Neu ja anava a tot galop, la bèstia gairebé els seguia el pas. En aquell moment estava tan a prop que gairebé corria al seu costat. La Mar tenia molta por. Fos el que fos, era gros i corria darrere d'elles.

Ara la Mar entenia per què s'havia espantant la Neu. No s'havia portat malament, estava atemorida!

La Mar intentava veure entre els arbres què era allò que les estava perseguint, però la Neu anava tan de pressa i els arbres eren tan espessos i impenetrables, que resultava impossible. No podia veure res. Una cosa era certa: no es quedaria allà per a comprovar què era.

—Vinga, noia —la Mar va fer petar la llengua per a demanar a l'euga més velocitat. La Neu va respondre immediatament fent més llargues les gambades i estirant el coll. La Mar va sentir que accelerava i va inclinar-se sobre la crinera. El vent li fuetejava la cara, li xiulaven les orelles i feia que els ulls li coguessin. Va fer un gran esforç per a escoltar, intentar sentir la criatura que encara les seguia, però la velocitat de la Neu ofegava qualsevol so.

Fins que no van arribar al turó, la Mar no va adonar-se que ja estaven soles per fi. Fos el que fos el que hi havia al bosc, s'havia quedat enrere.

—Tranquil·la, bonica, tranquil·la. Tot va bé —la Mar estirava l'euga enrere. Els flancs de l'euga palpitaven i tenia el coll ple de suor—. Tot va bé, preciosa. No sé què era, però ha marxat —va dir la Mar donant uns copets reconfortants al coll de la Neu. Sabia que estava intentant tranquil·litzar-se a si mateixa tant com a la seva euga. Va parar l'orella, però no va sentir res darrere d'elles. La Mar va tombar el cap lentament i va mirar enrere, en direcció al camí que s'estenia al seu darrere, però no hi havia res.

Per davant, el camí de terra vermell avançava molt a prop del bosc durant un altre quilòmetre i mig com a mínim, fins que baixava pels tancats cap al llac. «Bé, com abans ens allunyem dels arbres millor», va pensar la Mar, i va fer que la Neu anés al trot. Necessitaven continuar en moviment, seguir el pas fins a allunyar-se dels arbres.

Quan finalment el camí es desviava del bosc i baixava de nou cap a la granja, la Mar va sospirar d'alleujament i va deixar caminar la Neu una estona. Encara no s'ho podia creure. Què era aquella bèstia del bosc? Havia de ser grossa com la Neu... i gairebé igual de ràpida. Una cosa era certa: no tornaria cap a casa pel mateix camí.

La Mar va mirar novament el mapa. El llac Aigües Profundes era a una hora de camí més o menys. Un cop arribessin al llac podrien desviar-se cap a la carretera de la costa i tornar a la casa pairal per allà. D'aquesta manera no haurien de tornar a passar pel bosc una altra vegada.

La Mar tenia la sensació que encara les perseguien.

«Confia en el teu cavall, Mar —es recordava a si mateixa—, els cavalls tenen un instint del perill molt millor que el nostre, i si la Neu ara està tranquil·la, és que ja no hi ha res a témer.»

A més, eren en un prat obert, per això si alguna cosa les perseguia, la Mar podria veure-ho.

Després de cavalcar durant una hora més van arribar al cim del turó i van mirar avall, cap al llac Aigües Profundes. El llac, que era més petit del que la Mar s'esperava, estava en una conca natural. Al voltant del llac hi havia pastures verdes i uns quants salzes a la vora de l'aigua. A la riba més allunyada creixia una espessa arbreda d'aranyoners.

La Mar va consultar el mapa un altre cop. Semblava que la carretera de la costa era a l'altre costat dels aranyoners. Una vegada fossin a la carretera, no trigarien gaire a arribar a la granja.

La Mar era a punt d'anar cap als arbres quan va sentir, provinent de la malura, el mateix soroll que havia sentit abans. Va quedar-se paralitzada. «Una altra vegada, no!», va pensar la Mar.

Va subjectar amb força les regnes de la Neu mentre mirava al voltant intentant decidir per quin camí fugirien corrent. El soroll ara se sentia amb més intensitat. Semblava un tro. La Mar podia notar com el terra li ressonava a sota.

Per sort aviat va adonar-se que aquell so no era com el que havia sortit dels arbres. No, era un so inconfusible que havia sentit moltes vegades abans. Era el so de cascs de cavall.

Des de darrere dels aranyoners els va veure. La Mar va observar amb admiració com el grup de cavalls feia la volta al llac al galop, vorejant-lo i girant bruscament d'una manera salvatge mentre corrien. Al capdavant del grup anava un cavall bai enorme amb una espessa crinera fosca i els ulls encesos. Després el seguia un robust ruà rogenc, un cavall pinto marró i un grup heterogeni de bais negres i foscos. En últim lloc anava una euga grisa i una altra de pinto castanya amb la cara blanca, i ambdues portaven poltres corrent al costat de les potes. Cadascun dels poltres es mantenia molt a prop de la seva mare. El poltre de l'euga grisa era negre com l'atzabeja. El de l'euga pinto era la seva viva imatge, amb clapes castanyes i blanques per tot el cos, i una taca que li baixava per la cara.

Els cavalls van aturar-se a l'altre costat del llac i van quedar-se mirant la Mar i la Neu. La Mar va adonar-se que eren petits i robusts, i que no eren ben bé cavalls. La majoria d'ells eren ponis, i no feien gaire més d'1,30 metres d'alçada. Les seves crineres i cues eren desiguals i estaven cremades pel sol. Els pelatges no tenien brillantor i estaven coberts de fang. Eren ponis salvatges, sens dubte. Potser encara no havien vist mai un ésser humà.

La Neu, que tota l'estona s'havia estat movent perquè estava inquieta, va fer un renill de sobte. Per a sorpresa de la

Mar, la crida de l'euga va tenir una ràpida resposta quan el cavall que anava al davant va pujar fins al cim del turó.

El renill d'aquest cavall va ser brutal i ferotge. A la Mar va semblar-li un crit de guerra. Hi havia desafiament en la crida, i la Mar va adonar-se'n de seguida. Era el crit d'un semental.

El semental que era al cim no era com la resta del grup. Aquells ponis salvatges no eren més grans que la Neu, però el semental sí que ho era. Devia fer com a mínim 1,60 metres d'alçada i el seu pelatge, que era negre com l'atzabeja, brillava al sol. No tenia marques, a excepció d'una fina ratlla que li baixava pel front.

El cavall negre va mantenir-se en una orgullosa posició, amb el coll arquejat i la cua dreta. Tenia el posat noble d'una raça refinada, la cara angulosa i el cos gran i fort. Semblava que estava esculpit en granit. La Mar tenia la sensació que havia vist aquell cavall abans en algun lloc. Però, on? Aleshores va caure-hi. S'assemblava al quadre de la paret de la seva habitació, el retrat del Napoleó, el gran semental gris de la tieta Sandra.

Durant un moment el semental i la Mar van observar-se mútuament. Després, el gran cavall negre va fer un rebuf arrogant i va començar a descendir del turó a mig galop. Va col·locar-se darrere el grup, va fer tota una volta encerclant-los, i amb les orelles enrere va anar reunint tots els cavalls.

Ensenyant les dents i amb el coll magníficament arquejat, el semental mossegava i rebufava les seves eugues mentre corria a mig galop. L'euga baia va mossegar-lo d'una manera desafiant, però al final va obeir-lo i pocs minuts després el semental havia reunit tot el seu grup, i era entre la Mar i les seves eugues.

Amb el grup acorralat i segur darrere d'ell, el semental no semblava estar gaire convençut de què havia de fer a continuació. Trotava a mig galop endavant i enrere; després va aturar-se i va picar el terra inquiet com si estigués pensant quin havia de ser el següent moviment. A continuació va alçar el cap i va fer un crit de guerra ple de fúria, semblant al grunyit d'un porc senglar.

La cara de la Mar va empal·lidir. Va notar que la Neu també tenia por.

«Sóc una mica babaua —va pensar la Mar enfadada amb ella mateixa—, és un semental i nosaltres una amenaça per al seu grup, i ara ens atacarà. Hauríem d'haver marxat corrents tan bon punt l'hem vist. Per què no ho hem fet?»

El semental negre va apropar-se..., massa perquè la Mar i la Neu fessin la volta i marxessin corrents. Els ulls del cavall estaven plens de fúria i ensenyava les dents disposat a lluitar.

La Mar va intentar tranquil·litzar la Neu, però l'euga castanya tremolava de por i de desconcert alhora. Què faria la Neu si l'atacava el cavall negre? No podia lluitar contra un semental! No. Havien d'intentar fugir. Quina altra cosa podien fer? Al capdavall, no hi havia ningú allà que les pogués salvar.

Aleshores, la Mar va pensar en una possible solució. El Místic! El petit poni gris semblava que sempre sabia quan li calia la seva ajuda. Ara estaven en perill..., apareixeria el Místic? Els ulls de la Mar exploraven el cim del turó. No res. Potser l'havia de cridar ella.

—Místic! —va cridar la Mar. Va sortir-li una veu aguda i estrident, estrangulada per la por.

El Místic havia mort intentant salvar-la. Des d'aleshores havia salvat la Mar i la Neu diverses vegades. Sempre era allà quan el necessitava de veritat. Però on era ara el seu poni gris?

El fort renill d'un cavall va fer tornar la Mar a la realitat. No era el renill del Místic, sinó la crida ensordidora d'un semental. La Mar va decidir-se en qüestió d'un segon. No podia quedar-se sense fer res i confiar que apareixeria el Místic a lluitar les seves batalles per ella. No hi havia temps per a això. Hauria de trobar la manera de sortir d'aquest embolic tota sola.

Per tant, havia de fugir de pressa..., però, per on? La Mar mirava al seu voltant buscant una sortida. A l'esquerra descendia suaument el vessant d'herba del turó. Podria córrer més de pressa que el cavall negre? Podria arribar fins al turó? Després va mirar a la dreta, al llac tranquil d'aigües profundes. «Per allà no hi ha sortida —va pensar—, i ara què faig?»

Quan el cavall negre va començar a galopar cap a elles, la Mar va notar que se li accelerava el pols, i aleshores va adonar-se del que havia de fer. No fugiria d'aquell cavall. Correria en línia recta cap a ell.

—Som-hi, preciosa! —va cridar la Mar a la seva euga. Amb un fort cop va guiar la Neu cap al semental a tot galop. La Neu ho estava desitjant. Els ulls de l'euga miraven fixament el semental negre. Estava disposada a lluitar.

La Mar va continuar endavant mentre els dos cavalls es disposaven a llançar-se l'un contra l'altre. «He de mantenir-me ferma —es deia la Mar—, continua. Només una mica més a prop...»

De sobte, just quan els cavalls eren a punt de xocar, la Mar va estirar la regna de la dreta de la Neu.

—Vinga, Neu! —va esperonar el seu cavall. Espantada, l'euga va saltar endavant obeint l'ordre de la Mar, va aixecar les potes enlaire i va abaixar-les de nou i es ficà a les fosques aigües del llac.

Va haver-hi un moment de tensió quan la Neu va posar-se a l'aigua, perquè va perdre el pas i va ensopegar. La Mar va aconseguir aixecar el nas de l'euga i guiar-la, i va mantenir-la a mig galop fins que va recuperar el pas. Després, va travessar les canyes sobre el fang; l'aigua esquitxava els pantalons de muntar de la Mar i se li filtrava per les botes de cuir. La Neu rebufava de por mentre cavalcava a mig galop per l'aigua cada vegada més profunda; ja li arribava fins al pit. La Mar va tombar el cap. El semental era darrere d'elles. Les havia seguit a dins el llac, però ara dubtava. En comptes de continuar a mig galop darrere d'elles, es movia enrere i endavant, com si no estigués segur de posar-se en aigües tan profundes.

—Vinga, noia! —la Mar va donar a la Neu un copet a les costelles—. Som-hi, bonica! Som-hi! —el cop va fer-la saltar endavant una altra vegada. La Mar va mirar al seu voltant i va adonar-se que ja eren al mig del llac, i que l'aigua no arribava a cobrir-li les botes. Van creuar-lo pel centre i van dirigir-se cap a l'altra riba.

«Doncs quin llac d'aigües profundes —va pensar la Mar, alleujada—. Més aviat és un llac de fang poc profund.»

La Mar va mirar enrere. El semental havia abandonat i feia mitja volta. Va sortir del llac trotant i va tornar amb el grup.

—Ja no ens persegueix, Neu! Ja no cal que ens allunyem més!

La Mar va donar un copet al coll de la seva euga amb el palmell de la mà. Estava segura que un cop arribessin a l'altra riba, trobarien la carretera de la costa que les portaria fins a la casa pairal de l'Aranyó.

—Bona noia, Neu! —la Mar va donar-li un altre copet mentre la Neu saltava el pendent enfangat de la riba i sortia a l'herba que creixia a la vora del llac.

La Mar estava amoïnada per si la Neu s'havia esgotat després de la persecució de feia una estona, però semblava que encara podia córrer a tota velocitat. Quan va pujar pel vessant d'herba i van arribar fins al camí de terra que les portaria de tornada a la granja per la carretera de la costa, la Neu anava a tot galop.

El cavall negre no les havia seguit. Eren fora de perill. La Mar va inclinar-se sobre el coll de la Neu i va deixar-la córrer amb total llibertat. No van parar de galopar fins que havien recorregut uns tres quilòmetres de carretera. I la Mar no va parar de mirar enrere fins que van arribar a la casa pairal de l'Aranyó.

CAPÍTOL 5

La tieta Sandra estava seguda al porxo principal de la casa pairal de l'Aranyó amb un te fred i un diari. Quan la Mar i la Neu baixaven al trot per la llarga i frondosa avinguda de pedra en direcció a ella, la Sandra va alçar la vista i va saludar-les amb la mà. De sobte, la mà va quedar paralitzada a l'aire. El seu rostre mostrava preocupació i va aixecar-se impulsant-se amb el bastó, va baixar els graons del porxo i va creuar el prat dels cirerers per a sortir a rebre l'euga i l'amazona.

—Què redimonis ha passat? —va dir la Sandra mentre agafava les regnes de la Neu. La Mar va baixar i va deixar-se caure a terra; va quedar-se estirada amb les cames i els braços estesos a l'herba verda i fresca al costat del seu poni. Estava completament esgotada. La Neu, que estava coberta de suor seca i de fang per la marató al galop que havia fet, semblava encara més afectada que la seva amazona.

—Hem tingut un petit problema..., bé, dos petits problemes en realitat —va contestar la Mar.

—Ja ho veig! —va afirmar la Sandra—. Marcel·la, què ha passat perquè estigueu així? Estàs bé?

—Estic bé, tieta, de veritat. Només necessito un minut per a refer-me... —la Mar va respirar profundament, va aixecar-se de nou i va intentar agafar les regnes de la Neu. La seva tieta va donar-li un cop de mà.

—L'estable ja està preparat per a ella. L'Àlvar l'ha netejat aquest matí. Vindré amb tu per a ajudar-te a treure-li els arreus i pel camí m'expliques què us ha passat.

Mentre baixaven lentament pel camí dels estables, la Mar va explicar a la seva tieta allò de l'animal del bosc que les havia perseguit pel camí.

—Aleshores, no has pogut veure l'animal? —va preguntar la Sandra—. Ni tan sols fugaçment?

—Hi havia massa foscor entre els arbres i ens movíem massa de pressa perquè pogués veure res —va respondre la Mar—. L'únic que sé és que era gros. Molt gros. Ha pogut mantenir el pas de la Neu encara que ella anava a tot galop.

—No pot haver estat un dels gossos? T'ha seguit fora del bosc? —va preguntar la Sandra.

—Era molt més gros que el Tristany o la Sira —va dir la Mar—, però suposo que sí que podria haver estat el Tsar.

L'enorme terranova negre era prou gros per a produir aquell soroll que ella havia sentit travessant la malura.

La Sandra va rebutjar aquesta idea.

—Ho dubto molt. El Tsar mai no va a passejar sol. És una mica mandrós i tan lent com una tortuga —aleshores va fer una gran pausa durant un moment—. Pot haver estat... un felí?

—Com dius?

—No em refereixo a un gat comú —va aclarir la Sandra—. No: vull dir un gat salvatge, un felí gros. Hi ha una llegenda per aquí sobre un felí negre que viu salvatge pels turons. Diuen que va escapar-se d'un zoo, i suposo que això és possible perquè hi havia un parc natural no gaire lluny d'aquí. Tenien antílops, lleons i altres animals d'aquest estil. Quan van tancar el parc, van endur-se tots els animals, però aquest felí negre en particular va escapar-se i mai no el van trobar. Sempre havia pensat que tota aquesta història era una mica ridícula. Sents moltes barbaritats en un lloc així i quan vius sola com jo. Tanmateix, la gent creu en aquesta llegenda. L'anomenen *grimalkin**, el gat de les bruixes. Encara que no

*Gat de les bruixes medievals (dimoni que prenia forma d'animal per a aconsellar-les o auxiliar-les). Apareix en obres literàries, per exemple, a Macbeth de Shakespeare. (Nota de la traductora.)

puc ni imaginar-me que a una bruixa li agradés la idea de creuar-se amb una pantera enorme.

El vell Germà Pastor, que viu a la granja del costat de la carretera de la costa, assegura que el va veure una nit. Diu que un felí negre gros, de la grandària d'un ós, va sortir d'entre la brolla i va atacar una de les seves ovelles, i va arrossegar-la davant dels seus ulls. Per descomptat, mai no van trobar petjades del felí... i al vell Germà Pastor li agrada beure, per això no et pots creure sempre les seves històries...

—Bé, fos el que fos, la Neu estava atemorida —va dir la Mar.

—Últimament no he llegit notícies sobre la pèrdua de bestiar o collites —va reflexionar la Sandra—; em sembla que el millor que podem fer és dir-ho a en Camil. És el guardaboscos local de la Fundació per a la Conservació dels Turons dels Aranyoners. Demà vindrà a veure'm i és precisament d'aquestes coses de les que s'ocupa ell. Si hi ha una bèstia salvatge als boscos, ell ben aviat ho sabrà.

—Creus que em creurà? —va preguntar la Mar.

—Per què no ho havia de fer? —va sorprendre's la tieta—. T'inventes sovint històries sobre éssers fantasmals que t'ataquen i arribes a casa plena de fang? I tant que et creurà! En Camil és un gran professional. Si hi ha alguna cosa al bosc, ell la trobarà.

Havien arribat als estables i la Mar estava descordant la cingla i traient la sella a la Neu mentre la seva tieta Sandra feia saltirons per l'estable buscant pinso per a l'euga.

La Mar va portar la Neu a la part de darrere els estables i va rentar-la amb la mànega per a treure-li la suor i el fang; després va utilitzar un raspador de suor per a eixugar-la abans de deixar-la solta pel box. La Sandra va donar a la Neu un cubell ple de palla i fruits secs per a ponis i van quedar-se allà totes dues observant com menjava.

—Bé —va dir la Sandra—, no has dit que havies tingut dos petits problemes? Què més ha passat?

La Mar va explicar-li el que havia succeït amb el grup de cavalls salvatges que havia vist al llac Aigües Profundes.

—Bé, aquest és un misteri que jo sí que puc resoldre —va dir la Sandra, rient—. Estàs parlant dels ponis aranyó. Em sorprèn que no n'hagis sentit a parlar mai.

—Ponis aranyó? —va estranyar-se la Mar.

—Una raça única d'aquesta regió. És un grup que va per la zona més alta des de fa més de vint anys —va explicar-li la Sandra—. Són cavalls salvatges, descendents d'uns quants ponis de la zona que es van perdre i després van negar-se a ser capturats. D'alguna manera el grup ha sobreviscut durant tots aquests anys. He de reconèixer que són uns animals molt forts malgrat que són petits. Ara deu haver-n'hi uns vint, oi?

—Em sembla que uns trenta, més o menys —va dir la Mar—. Tieta, hi havia un semental amb ells. Feia un metre seixanta com a mínim, molt més alt que la resta, i era negre com l'atzabeja.

—De veritat? —a la Sandra allò va interessar-li molt—. No recordo cap semental, però fa molt de temps que no els he vist per aquí.

—Era el semental que ens ha atacat... a mi i a la Neu —va continuar la Mar—. Ha estat culpa meva. Era tan bonic i estava tan distreta observant-lo, que no he pogut pensar en una altra cosa. Després m'he adonat que estàvem en perill i que havíem de córrer, però era massa tard. S'ha tornat boig intentant protegir el seu grup. Hem hagut de travessar el llac per a escapar-nos d'ell.

—Bé, ara ja sé d'on ha sortit el fang! —va dir la Sandra movent el cap—. Bé, heu tingut sort, estimada. Un semental pot ser tan ferotge com un tigre quan creu que està protegint els seus. Si és que realment és el seu grup... Dius que aquell cavall no s'assemblava als altres?

—Bé, hi havia dos poltres..., el negre s'assemblava a ell. Però els altres no... Hi havia alguna cosa en ell, tieta. Era tan elegant... M'ha recordat el quadre que hi ha a la paret de la meva habitació.

La Sandra va aixecar una cella quan va sentir això.

—El Napoleó? T'ha recordat el Napoleó? Bé, suposo que és possible. El Napoleó era un gran saltador, ho sabies? Les tanques no l'aturaven i amb freqüència s'escapava als turons. Suposo que en una de les seves grans escapades es devia trobar amb el grup i devia passar una bona estona amb una de les eugues —va dir la Sandra, somrient—. No seria això una alegria? Que el meu gran semental gris tingués un fill, i després uns quants néts, i que ara estiguessin corrent pel camp seguint els seus passos. Dius que el poltre negre s'hi assembla?

—Sí, força —va afirmar la Mar amb el cap.

—Això és fantàstic! —va exclamar la Sandra. Però de sobte el seu somriure va desaparèixer—. Ostres... m'he deixat el dinar al forn! Es deu haver cremat... si és que no s'ha calat foc a la cuina!

Va fer mitja volta i va començar a caminar fent saltirons recolzada al bastó en direcció a la porta de l'estable.

—Tieta, no facis això. No pots córrer amb un guix. Ja hi vaig jo fent una correguda i apago el forn —va dir la Mar.

—Si només s'ha cremat per fora, no ho llencis. Treu els trossets negres, que és el que acostumo a fer jo —va cridar la Sandra mentre la Mar marxava corrents per les portes de l'estable.

Quan va arribar a la casa, la Mar va trobar-se el que semblaven ser les restes d'un pastís de carn cremat per sobre i que de seguida va llençar a la galleda dels porcs abans que la tieta Sandra pogués intentar salvar-ne alguna part.

La Mar va quedar-se allà dreta un moment mirant fixament les restes carbonitzades que havia llençat a la galleda dels porcs.

«Sort que també m'he pogut desfer d'això... Quin primer dia a la granja!», va dir-se tot somrient.

Evitar els pèssims plats que cuinava la seva tieta Sandra era una cosa, però els sementals salvatges i les panteres negres eren una altra de molt diferent. La Mar sabia que havien tingut sort de sortir-se'n amb vida aquell dia.

Quan ja de nit la Mar va examinar la seva euga a l'estable, la Neu no semblava estar gaire adolorida després de l'aventura. Va donar-li més palla i fruits secs per a ponis per a sopar i va penjar una xarxa de fenc per si volia menjar durant la nit. Després, va examinar els cavalls dels altres boxes.

Estava ajustant la manta al Diable quan va sentir un soroll darrere seu.

—Mèu! —aquell so va fer que saltés mentre es tombava; i va veure l'Àlvar repenjat sobre la porta de l'estable somrient.

—Per l'amor de Déu, Àlvar! M'has espantat!

L'Àlvar va tirar-se enrere els cabells negres que li tapaven els ulls.

—No he estat jo..., ha estat el *grimalkin,* el gat de les bruixes dels Turons dels Aranyoners! —va dir en to de broma.

La Mar va agafar una esponja del cubell dels raspalls del Diable i va llançar-la contra la porta del box; l'Àlvar va ajupir-se quan l'esponja li passava pel costat de l'orella.

—No m'ho he imaginat, Àlvar. Alguna cosa m'ha perseguit avui al bosc. Jo no he dit que fos un gat embruixat. No sé què era, però ens ha seguit a mi i la Neu, i era enorme i molt ràpid —va replicar la Mar amb fermesa.

—D'acord, d'acord! —l'Àlvar va alçar les mans per a indicar que es rendia davant la seva argumentació—. Et crec. Hi ha un gatet gros per allà fora que vol un plat de llet i un poni per a jugar.

—Àlvar!

—No, de veritat, Mar, que et crec. Els cavalls han estat molt espantats últimament i la setmana passada vam perdre dues gallines del corral. Pensava que potser era un ermini, però potser va ser la bèstia que us ha perseguit a la Neu i a tu —l'Àlvar va dirigir la mirada al Diable, que estava neguitós—. Els cavalls poden notar coses, ja ho saps —va dir pausadament—, saben quan hi ha un problema a prop.

—També els porcs —va afegir la Mar.

—Què? —va estranyar-se l'Àlvar.

—Bé, he sentit dir que al Rodanxó no li agrades gaire, així que suposo que ell sap que hi ha un problema quan et veu —va dir la Mar somrient.

—Sí —va admetre el noi—, suposo que és així.

Després d'ajudar l'Àlvar a donar el sopar a tots els cavalls i de tancar els boxes amb clau, la Mar va agafar els trossos de menjar cremat, les pells de les patates i les restes del sopar i va anar a veure el Rodanxó.

—No t'espantis, Rodanxó, sóc jo. L'Àlvar no ha vingut —va dir amb fermesa al gran porc negre. Després va abocar el cubell a la menjadora i, mentre ell menjava, ella el gratava darrere les orelles amb el bastó.

Quan el Rodanxó va acabar de menjar, la Mar va travessar els estables cap als corrals de bestiar on eren la Pampa i la Flor. La Flor va mirar la Mar agraïda amb els seus ulls grocs mentre la noieta li omplia la menjadora de pastanagues i trossos de poma.

La Mar va treure's una pastanaga de la butxaca.

—Compta fins a cinc, Flor! —va demanar-li la Mar mentre aixecava la pastanaga per sobre el cap de la cabra igual que havia fet la seva tieta Sandra amb el Rodanxó el dia abans.

La Flor va mirar enlaire, va agafar la pastanaga de la mà de la Mar i va començar a menjar-se-la.

—Bé, suposo que començaré a saber com ensinistrar-te a partir de demà —va sospirar la Mar.

Al corral del costat hi havia la Pampa, una vedella de color castany i blanc que passejava d'una banda a l'altra esperant el sopar. Quan la Mar va entrar al corral, la vedella va fer-li una llepada amistosa amb la llengua, aspra com una llima. La Mar havia escalfat una ampolla de llet per a la vedelleta i, quan va treure la tetina, la Pampa va succionar immediatament i va començar a beure donant empentetes a la Mar mentre buidava l'ampolla.

—Escolta! Tens molta gana per a ser tan petita —va dir-li la Mar.

La Pampa havia buidat l'ampolla en un tres i no res, i ara llepava els dits de la Mar.

—Prou, prou! —va dir la Mar, rient, mentre reculava per a sortir del corral de la Pampa i tancar la porta darrere d'ella.

Abans d'allunyar-se dels estables, la Mar va aturar-se una vegada més al box de la Neu per a dir-li bona nit.

—Descansa molt, Neu —va dir acaronant-li el nas suau com el vellut. La Neu va renillar suaument com a resposta i la Mar va donar-li l'última pastanaga que tenia abans de tancar amb clau les portes del box.

El primer dia a la granja de l'Aranyó li havia proporcionat prou experiències per a explicar a les seves amigues. Per sort, la tieta Sandra tenia internet a la granja, i no va haver d'utilitzar coloms missatgers.

—Però quina idea tan bona! —li havia dit la Sandra entre rialles quan la Mar li ho havia explicat com si fos un acudit—. Coloms missatgers! N'hauria d'ensinistrar algun per si de cas. Sempre tenim problemes amb la línia de telèfon després de les tempestes d'estiu. Un colom missatger aniria molt bé!

La Mar no estava segura si la seva tieta feia broma o no. **Al capdavall,** explicava a l'Estel en el correu, **és un lloc on es considera completament normal que els ànecs obrin portes i se suposa que demà ensenyaré una cabra a inclinar el cap. La meva tieta diu que és hora que ocupi el seu lloc i comenci a entrenar els animals. Imagina't! És com si jo fos el doctor Dolittle o una cosa semblant. No em puc creure que m'estigui perdent la competició de doma de l'estiu. Saluda la Celeste, i la Cris i el Fumall de part meva. T'enyoro molt. Mar.**

Només va haver d'esperar-se uns minuts per a sentir l'avís del missatge de resposta de l'Estel.

Creus que ho tens difícil aquí? Tant de bo jo hagués d'ensenyar les cabres a bordar o el que sigui que has de fer. Però jo sóc aquí sense moure'm, intentant que em surtin els moviments de doma, i endevina qui està guanyant un munt de punts amb el seu poni nou i no

en deixa escapar ni un. Et donaré una pista... VIDAL *LA CREGUDA*. Ai, m'encantaria estar amb tu a la granja amb tots aquests animals... sona tan emocionant. Encara que t'hagi perseguit aquella cosa pel bosc i gairebé et mati un semental. Tens sort que la Neu sigui tan ràpida... Si m'hagués passat a mi amb la vella i lenta Celeste, el *grimalkin* se'ns hauria menjar segur! Un petó. Estel.

La Mar sabia que l'Estel no es reia d'ella, ni tampoc l'Àlvar. Tanmateix, si ho arriba a saber, no hauria explicat a ningú el tema de l'animal que les havia perseguit pel turó aquell matí. Ara que la Mar estava sana i estàlvia al llit de la casa pairal de l'Aranyó, començava a preguntar-se si realment hi havia un animal al bosc o si la seva ment li havia jugat una mala passada. Era normal que la Neu estigués una mica espantada a la seva nova llar. Potser l'euga s'havia espantat de la seva ombra i per això gairebé es desboca. Potser no hi havia cap animal perseguint-les. Fet i fet, la Mar no l'havia vist, oi?

«No —va pensar—. No he vist res... però alguna cosa he sentit.»

I la Neu també ho havia sentit. L'euga no s'havia espantat..., estava aterrida. No s'estava imaginant res. Allà fora hi havia alguna cosa, d'això n'estava segura.

Aquella nit, la Mar va quedar-se adormida al llit amb dosser pensant en la bèstia del bosc. Hi havia lluna plena al cel i podia veure el cim del turó, perfilat al fons, a través de les cortines de l'habitació mentre s'adormia profundament.

Quan va despertar-se, va suposar que era mitjanit. La lluna era alta al cel encara, il·luminant l'exterior. La Mar estava estirada al llit i escoltava. En el silenci de la nit va sentir un so d'esgarrapades. Provenia de la porta. Va aixecar-se i va creuar amb calma l'habitació per a obrir la porta, i allà hi havia la Sira esperant-la pacientment.

—Hola, Sira. Imagino que vols entrar... —va dir la Mar.

La gossa va començar a entrar a l'habitació, però tot d'una va aturar-se, va aixecar les orelles i va quedar-se immòbil. Després va fer mitja volta i va marxar corrents una altra vegada en direcció al pis de sota. La Mar va agafar la bata i va seguir-la. Un soroll de l'exterior va fer que se li drecessin els pèls del clatell. Podia haver jurat que acabava de sentir el rugit d'un felí. Un felí molt gros.

A fora, al porxo de darrere, la Mar va trobar-se la Sira en estat d'alerta. La gossa grunyia i gemegava.

—Què passa, Sira? —va preguntar la Mar envoltant amb el braç el labrador—. Què és el que sents?

De sobte, un estrèpit de crits i aleteigs va arribar des del galliner. La Sira va anar cap al soroll, els seus lladrucs van donar la veu d'alarma a la resta de la granja. La Mar va aturar-se un moment, mirant concentrada la foscor i preguntant-se què hi devia haver allà fora. Després va posar-se les botes i va córrer darrere la Sira pel camí. Al seu darrere anaven el Tristany i el Tsar, que havien sentit els lladrucs de la Sira i s'unien a la persecució.

Quan va arribar al galliner, les plomes encara voleiaven. Les gallines encara estaven atemorides i la Mar va desitjar haver agafat una llanterna per a poder veure què passava. Va obrir la porta del galliner i va fer un pas cap a l'interior confiant que la guiaria la llum de la lluna; va intentar tranquil·litzar les gallines espantades per a poder comprovar si tot estava bé. Estava en el procés de comptar les gallines en la foscor quan va sentir-se un crit que provenia dels tancats que hi havia al costat dels estables. La Sira, el Tsar i el Tristany van sortir corrents cap allà, i la Mar va seguir-los.

Els lladrucs dels gossos eren aterridors i cada vegada més forts quan la Mar va arribar als estables. Va passar corrent pel passadís dels boxes dels cavalls cap a la porta del darrere que donava a la bassa dels ànecs i als corrals del bestiar, va empènyer l'enorme porta de l'estable i va fer un cop d'ull als corrals. Els tres gossos bordaven d'una forma salvatge en aquell moment.

—Què passa, Sira? —va preguntar la Mar amb nerviosisme. I aleshores va veure sortir una figura per darrere d'ella. Va veure una silueta enorme i negra que contrastava amb el cel de la nit. La bèstia (més grossa que el Tsar) es movia amb rapidesa. Va enfilar-se amb sigil als pals de la tanca i va mantenir-se en equilibri a l'estructura de fusta del corral.

La figura negra del *grimalkin* va desaparèixer en la foscor. Els gossos bordaven com bojos en aquell moment, i udolaven amb tanta força que la Mar no va poder sentir les passes d'algú que s'apropava per darrere. Un mà a l'espatlla va fer-li clavar un bot.

—Xxxxt, sóc jo! —la veu de l'Àlvar va tranquil·litzar-la—. Espera't un segon... Deixa'm buscar la llanterna... En tinc una per aquí, en algun racó.

L'Àlvar va encendre la llanterna i va il·luminar els corrals. La Mar va mirar fixament la tanca on havia vist l'ombra del *grimalkin* un moment abans. No hi havia res a excepció del fosc cel de la nit. Amoïnada perquè l'Àlvar pogués pensar que era una babaua, la Mar no es decidia a explicar-li el que havia vist. Tot i que no va caldre dir res, perquè l'Àlvar va parlar primer.

—Torna cap a casa, Mar —va dir-li.

—Per què, Àlvar? Passa res de mal? —la Mar va apropar-se.

—Et dic que tornis ara! —va cridar l'Àlvar.

I aleshores la Mar va entendre per què l'estava enviant cap a casa. El cos d'un animal cobert de sang jeia als peus de l'Àlvar al corral. La Mar va precipitar-se a ajudar-lo, i quan va apropar-se més va adonar-se que era la Pampa. La petita vedella castanya i blanca estava immòbil mentre l'Àlvar l'examinava.

—Pampa! Déu meu! Portaré la farmaciola de la sala de les muntures i...

L'Àlvar va alçar la mirada cap a la Mar. Tenia llàgrimes als ulls.

—No cal, Mar —va dir amb desolació—. La Pampa és morta.

CAPÍTOL 6

La Mar va mirar la Pampa. La pell marró i blanca de la vedella estava tacada de sang i hi havia dues profundes ferides a l'espatlla i el coll que semblaven marques d'urpes. L'Àlvar tenia raó. No n'hi havia cap dubte, era morta.

L'Àlvar va mirar la Mar. Les llàgrimes li queien per les galtes.

—De veritat, Mar, em sembla que ha mort a l'acte. Qui li ha fet això ha estat ràpid i mortal; no ha patit —va aixecar-se i va envoltar la Mar amb el braç mentre ella s'eixugava les llàgrimes de les galtes amb la màniga del pijama.

L'Àlvar va agafar la Pampa i va portar-la a dins els estables, va col·locar-la en un dels boxes buits i va tancar les portes. Després va tornar amb la Mar cap a casa mentre els tres gossos els seguien ara en silenci.

—Què creus que era, Àlvar? —va preguntar la Mar.

—No ho sé —va contestar l'Àlvar movent el cap—, és possible que sigui el mateix que us ha perseguit a tu i la Neu.

—Pobra Pampa —va dir la Mar—. Demà podrem fer-li un enterrament digne sota les magnòlies?

L'Àlvar va assentir amb el cap.

—En Camil voldrà veure-la primer. Haurà de resoldre què és el que l'ha matat. Però, sí, per descomptat que podrem.

Quan van arribar al porxo, els llums de l'interior de la casa es van encendre.

—Àlvar! Mar! Què hi fèieu allà fora? —la tieta Sandra va aparèixer cordant-se el cinturó de la bata.

—És la Pampa. L'han atacat —va dir l'Àlvar. La Sandra va quedar-se pàl·lida.

—Està bé?

—És morta —va confirmar l'Àlvar—. L'he deixat en un dels boxes dels estables. Imagino que en Camil deurà voler examinar-la demà.

—Pobra Pampa meva! —la Sandra va tapar-se la cara amb les mans.

—Jo l'he vist, tieta Sandra! —va dir la Mar—. He vist el *grimalkin.* Si més no, això crec. Era sobre la tanca del corral i després ha desaparegut... Si haguéssim arribat una mica abans...

La Sandra va envoltar la Mar amb el braç.

—Marcel·la, dóna gràcies que no us ha atacat a vosaltres, i pensa que si vosaltres i els gossos no haguéssiu aparegut i espantat el *grimalkin,* potser hauria ferit més animals. Àlvar, els altres animals estan tots bé?

—He comprovat els cavalls —va afirmar l'Àlvar—. Tots estan bé. Ara faré un últim cop d'ull per la granja per a assegurar-me que tot és en ordre abans de tornar-me'n al llit. Entreu a casa, ens veurem al matí.

La Sandra va assentir amb el cap.

—El primer que faré serà informar en Camil del que ha passat. Vine, preciosa, són gairebé les dues de la matinada. Entrem i tornem al llit. Et prepararé un got de llet calenta perquè t'ajudi a dormir.

La llet calenta va ajudar. La Mar no va llevar-se fins a les deu del matí. Quan finalment va baixar al pis de baix per a esmorzar, l'Àlvar l'estava esperant a la cuina.

—Com estàs, Mar? —va preguntar ell.

—Bé, suposo que bé —va contestar la Mar.

—Aquest matí he tornat a comprovar com estan els animals —va dir l'Àlvar—. Tots estan bé, i no hi ha rastre de l'animal que va matar la Pampa, de moment...

—Si haguéssim arribat a temps per a salvar-la... —la veu de la Mar tremolava. Tenia ganes de plorar però s'esforçava per a contenir les llàgrimes.

—Encara no em puc imaginar quina mena d'animal li podia produir aquelles ferides —l'Àlvar feia que no amb el cap—. Quan arribi en Camil, li expliques el que has vist i ell podrà examinar la Pampa... Potser en tregui alguna idea. —L'Àlvar va recollir els guants de muntar de la taula de la cuina i va aixecar-se.— Mentrestant avui hem d'entrenar —va dir somrient a la Mar.

—Hem de? Vols dir tu i jo? —va sorprendre's la Mar.

—Sí, és clar —va contestar l'Àlvar—. No t'ho ha dit la Sandra? —va preguntar mentre mirava divertit la cara de sorpresa de la Mar—. Ja veig que no t'ho ha dit... Baixarem als estables i prepararem els cavalls. Esmorza i després ens trobem al corral rodó. Practicarem alguns trucs.

—De veritat? —la Mar va tenir un calfred de l'emoció a la columna vertebral.

—Ens veiem d'aquí a un quart d'hora! —va dir l'Àlvar desapareixent per la porta per a dirigir-se cap als estables.

La Mar estava massa nerviosa per a menjar. Trucs de munta! Era com en les pel·lícules. Va aconseguir tranquil·litzar les papallones que li voleiaven per l'estómac i menjar-se un tros de torrada amb melmelada; després va baixar corrents pel camí de l'estable on l'Àlvar ja tenia ensellats el Diable, la Neu i la Britney, i l'esperava al costat del corral rodó.

—Aquí és on fem gran part de l'entrenament dels trucs —va explicar-li el noi—. Últimament hem estat treballant en un truc que jo anomeno el «salt de l'àngel». He estat entrenant la Britney perquè el faci amb el Diable, i ho fa molt bé, però és important que pugui fer el mateix truc amb altres cavalls i amb altres genets també. Per això he pensat que potser avui tu podries intentar-ho amb la Neu.

La Mar va assentir amb el cap.

—Escolta, Àlvar... —va començar.

—Sí?

—Què és exactament el «salt de l'àngel»?

L'Àlvar va somriure.

—És difícil d'explicar. Probablement serà més fàcil si em deixes que t'ho ensenyi.

L'Àlvar va lligar la Neu a la banda exterior del corral rodó i després va muntar sobre el Diable a la pista de sorra portant la Britney al costat. Les dues parets de fusta del corral rodó feien uns dos metres d'alçada i per sobre d'elles, envoltant la pista, hi havia dues files de seients de fusta. La Mar va pujar els graons i va seure per a observar en silenci com treballava l'Àlvar amb els cavalls. Va trotar d'un costat a l'altre sobre el Diable pel centre de la pista, vigilant la Britney, que també duia posada la sella i les brides mentre recorria la pista per la vora a mig galop i sense genet.

—Veus com va a mig galop fent un cercle? —va cridar l'Àlvar a la Mar—. L'hem entrenat perquè faci això. És més fàcil fer el truc si camina a pas ferm —i després de dir això va fer petar la llengua perquè el Diable avancés, i el cavall de raça quarter americà va començar a cavalcar a mig galop darrere del palomino.

La Mar observava l'Àlvar i el Diable a mig galop. Van apropar-se a la Britney de tal manera que els colls dels cavalls gairebé anaven enganxats. Tots dos van cavalcar junts coordinant els passos.

L'Àlvar va somriure a la Mar.

—Som-hi! —va cridar. I dient això, va deixar anar les regnes del Diable i va seure ben recte a la sella amb els braços estesos per a aconseguir equilibri. L'Àlvar va fer una volta més així, amb els braços estesos. La Mar podia veure'l calcular el temps dins del seu cap, esperant el moment just. La Mar va adonar-se que estava acostant més el Diable i la Britney, de manera que el castrat clapat gairebé tocava el palomino. De sobte, l'Àlvar va deixar anar els peus dels estreps i va tombar-se a la sella de muntar mirant cap a la paret. Va mirar la Mar per última vegada, va saludar-la amb la mà i després va saltar.

La Mar no es podia creure el que havia vist. Durant un moment, l'Àlvar va quedar-se a l'aire i ella va imaginar-se el pitjor. Si queia a la sorra, l'aixafarien els cascs del Diable i la Britney. De seguida va veure com l'Àlvar agafava la sella de la Britney amb les dues mans i amb molta habilitat passava la cama per sobre el llom de l'euga. Abans d'adonar-se'n, l'Àlvar era a la sella de la Britney agafant les regnes que havia nuat al voltant del coll del palomino. Mentre cavalcava per la pista de sorra cap a on seia la Mar, lluïa un somriure de triomf a la cara, i saludava amb la mà.

La Mar va posar-se dreta i va aplaudir amb entusiasme.

—Ha estat genial! —va cridar molt emocionada.

L'Àlvar va portar la Britney al centre de la pista i va saludar la Mar mentre la Britney deixava caure un genoll a terra i s'inclinava d'una forma molt teatral.

—Això —va dir l'Àlvar— és el «salt de l'àngel».

Va baixar de l'euga i va anar a buscar el Diable, que l'estava esperant. Després va portar els dos cavalls a un costat de la pista i va mirar la Mar.

—Vinga..., et toca a tu. Per què no poses la Neu a la pista i ho intentes?

—Però jo no ho sé fer... —va començar a dir la Mar.

—L'única manera d'aprendre és intentant-ho —va dir l'Àlvar—. És una qüestió de coordinació. Has de portar la Neu al costat de la Britney i agafar el mateix ritme que ella, després t'hi apropes, deixes els estreps i saltes.

—Sí, bé, explicat així sembla molt fàcil —va dir la Mar. Tornava a notar papallones a l'estómac.

—A veure, senzill ho és quan ho has fet unes quantes vegades. Però la primera vegada que vaig saltar va ser espantós —va admetre l'Àlvar—. Estàs a punt per a intentar-ho?

La Mar va deslligar la Neu del pal i va guiar-la per les portes corredisses de fusta per a entrar al corral rodó. Mentre col·locava els peus als estreps, la Neu dansava nerviosa.

—Tranquil·la, preciosa, tot anirà bé —va xiuxiuejar-li la Mar.

—M'enfilaré aquí per a observar-te —va dir l'Àlvar assenyalant la tribuna que hi havia a sobre la pista—. La Britney sap el que ha de fer... L'únic que has de fer és apropar la Neu a ella i saltar —la Mar va assentir amb el cap en silenci i mentre l'Àlvar sortia amb el Diable, ella va fer mitja volta amb la Neu per a col·locar-se de cara al palomino.

—Arri, Britney! —va cridar-la la Mar movent els braços perquè l'euga comencés a moure's pel perímetre de la pista. La Britney va reaccionar de seguida que li ho va demanar l'Àlvar, i va començar a anar a un gràcil mig galop de pas alt, situada molt a prop de les parets de fusta del corral rodó.

Tan bon punt la Britney va fer dues voltes a la pista a mig galop i portava un pas ferm, la Mar va fer petar la llengua perquè la Neu es posés al costat de la Britney. Al principi, la Neu va espantar-se una mica mentre s'apropava al palomino. Després va semblar entendre el que la Mar volia que fes, va posar-se a mig galop fins a apropar-se a la Britney i després van córrer totes dues juntes.

—Molt bé, Neu, ja està... —va felicitar-la la Mar. Va nuar les regnes de la Neu i després, amb molta cura, va deixar-les anar. Ara cavalcava sense mans. Va començar a alçar els braços a poc a poc per a ajudar-se a mantenir l'equilibri fins que al final va quedar asseguda molt recta a la sella, amb els braços estesos com les ales d'un àngel.

—Ara tomba el cos, posa't de cara a la Britney i treu els peus dels estreps! —va cridar l'Àlvar des del seient.

La Mar va mirar enlaire, on era ell, i va assentir amb el cap. Tot seguit va fer el que ell li havia dit, va fer lliscar els peus dels estreps de manera que ara cavalcava amb els ferros oscil·lant. Va tombar el tors cap a la paret i va observar com pujava i baixava la sella de muntar buida de la Britney. Havia de saltar a la sella. L'únic que havia de fer era estirar les mans i saltar des de la Neu fins a la Britney. La Mar va respirar profundament i va començar a comptar... A la una..., a les dues..., a les...

Va quedar-se immòbil. No ho podia fer! Va mirar avall i va veure els cascs dels cavalls picant amb força la sorra de la pista. I si queia? Els cascs de la Britney la trepitjarien!

—Vinga, Mar! Què esperes? —va cridar l'Àlvar.

La Mar va notar una suor freda i milions de papallones a l'estómac.

«Tranquil·la —va dir-se—, pots fer-ho!»

Va estirar els braços de nou i va concentrar-se per a recuperar la posició. Després va apropar-se una altra vegada a la Britney i va esperar que les dues eugues coordinessin les seves passes. A la una..., a les dues..., a les..., no!

La Mar va aturar la Neu. El seu cor bategava amb força, tenia els palmells de les mans humits i tremolava.

—Mar, Mar, estàs bé? —l'Àlvar va entrar corrents a la pista amb cara de preocupació—. Què ha passat? Per què no has saltat?

La Mar va moure el cap. Respirava acceleradament.

—No ho sé, Àlvar. Em pensava que seria capaç de fer-ho però després he mirat avall i...

—D'acord. No passa res —va tranquil·litzar-la l'Àlvar somrient—. És un truc molt avançat. Probablement encara és massa aviat perquè ho intentis. No t'amoïnis, de veritat. Ho tornarem a provar un altre dia.

L'Àlvar volia agafar les regnes de la Neu perquè la Mar baixés del cavall, però ella encara les estava subjectant i ell, en comptes d'agafar les regnes va agafar les mans de la Mar. Durant un moment l'Àlvar i la Mar van quedar-se amb les mans agafades. Després tots dos van deixar-se anar de cop i van mirar-se avergonyits.

—Ho sento..., no volia... —va quequejar l'Àlvar.

—No, no, no passa res... —va contestar la Mar mirant-se els peus—. Jo... Bé... Valdrà més que me'n dugui la Neu ara.

La Mar va treure l'euga castanya de la pista de pressa i va tornar a l'estable, i deixà l'Àlvar darrere amb el Diable i la Britney.

—No m'ho puc creure! Pot haver-hi res de més vergonyós? —va murmurar la Mar a la Neu posant el cap entre la crinera del seu poni quan ja eren en un box. No només s'havia acovardit a l'hora de fer el truc del salt de l'àngel, sinó que a més... havia fet manetes amb l'Àlvar! Això era el pitjor de tot!

Va treure els arreus a la Neu ràpidament i va sortir gairebé d'amagat per la porta del darrere de l'estable, esperant tenir menys probabilitats de trobar-se'l un altre cop si anava per l'altre camí. Després va creuar corrents el prat, va pujar els graons del porxo i va entrar per la porta del darrere de la casa.

Mentre caminava cap a la cuina va pensar per un moment que l'Àlvar ja era allà, perquè va sentir un home a la cuina que parlava amb la tieta Sandra. Però quan va apropar-se, va adonar-se que no era la veu de l'Àlvar.

—Marcel·la, ets tu? Vine a conèixer en Camil —va dir la Sandra—. En Camil és el cap dels guardaboscos de la Fundació per a la Conservació dels Turons dels Aranyoners.

La seva tieta va somriure a l'home de cabells rossos vermellosos que duia una jaqueta de color caqui i que seia al seu costat a la taula.

—Camil, m'agradaria que coneguessis la Marcel·la, la meva neboda preferida. És la primera que va veure el *grimalkin* al turó dels Aranyoners ahir.

—De debò? —va preguntar el guardaboscos mirant la Mar.

—Bé, una cosa així... —va començar la Mar—. Hi havia alguna cosa allà que va perseguir-nos a mi i la meva euga, però estava tan amagat entre els arbres que no el vaig veure. Només vaig sentir-lo.

El guardaboscos va aixecar una cella amb aire de sospita.

—Però sí que l'he vist a la nit! —va afegir la Mar, ràpidament—. Era just allà, a sobre el corral del bestiar un moment abans que trobéssim la Pampa. Caminava en equilibri per sobre la tanca de fusta, com un felí.

—Podria ser un gat? —va preguntar la Sandra.

—No, no. No era un gat normal. Era molt gros, vull dir, enorme! —va puntualitzar la Mar—. Més gros que el Tsar.

—Has vist quin tipus d'animal era? —va preguntar en Camil.

—Mmmm, doncs la veritat és que no. Hi havia lluna plena però tot i així era molt fosc. Però segur que era negre, crec, i tenia una cua llarga. Però no he pogut veure res més que això. Ha desaparegut molt de pressa i després l'Àlvar ha trobat la Pampa i... —la veu de la Mar va apagar-se quan va recordar els terribles successos de la nit passada i el desagradable descobriment de la pobra Pampa.

—Podria ser un gos perdut? —va preguntar el guardaboscos avaluant les possibilitats—. Tenim un parell d'informes de pèrdues últimament. Un cop que un gos tasta la sang, dóna problemes.

—No era un gos —va contestar la Mar amb fermesa.

El guardaboscos va mirar-la de nou.

—Bé, fos el que fos, el trobarem. Avui pujaré al turó amb un parell d'homes. Intentarem seguir-li el rastre.

—Què faran si el troben? —va preguntar la Mar.

—Tenim rifles de llarg abast. Els nostres homes són bons tiradors —va contestar en Camil fredament.

—Vols més cafè, Camil? —va oferir-li la tieta Sandra—. Mar, per què no prens alguna cosa?

La Mar va seure de mala gana al costat del guardaboscos mentre la Sandra servia més cafè per a ella i per al seu convidat.

—De totes passades, no he vingut aquí per a buscar el teu... com l'has anomenat? *Grimalkin?* —el guardaboscos va dirigir-se a la Sandra mentre ella seia una altra vegada—. Saps que la Fundació per a la Conservació està amoïnada últimament pels danys que causen els ponis aranyó a la fauna autòctona.

La Sandra va assentir amb el cap.

—Hem debatut aquest assumpte durant mesos. El districte dels Turons dels Aranyoners és ric per la flora autòctona tan curiosa que té. Hi ha espècies de líquens i molses que senzillament no existeixen en cap altre lloc del món. La tasca de la Fundació és protegir aquesta terra —va continuar el guardaboscos.

—Però els ponis fa anys que són aquí, Camil. Per què, de sobte, són un problema tan urgent? —va preguntar la Sandra.

—Per la quantitat, principalment. Normalment els hivern freds fan disminuir la quantitat en un grup, però els ponis aranyó han estat augmentant de nombre durant els últims anys. Ara n'hi el doble que aleshores. Sembla que no queda una altra alternativa; hem de fer una eliminació selectiva immediatament.

—Suposo que ets conscient que com a presidenta del Grup per al Salvament dels Ponis Aranyó lluitaré contra qualsevol acció que tinguis pensada, encara que hagi d'arribar fins al final...

En Camil va interrompre-la.

—Sandra, hem parlat d'això un milió de vegades, i ho saps. No sóc aquí per a demanar-te permís. Aquesta eliminació selectiva ja s'ha debatut i ara és oficial. Ja no pots fer-hi res. Dir-t'ho avui no és res més que una mera formalitat. Pensava que voldries saber-ho perquè el grup sovint corre per les teves terres. Farem venir els nostres homes aquí la setmana que ve perquè facin la seva feina.

—De què esteu parlant? —va intervenir la Mar—. Què significa això d'una eliminació selectiva?

El guardaboscos va mirar la Mar. Estava molt seriós.

—Has de comprendre que resulta molt difícil atrapar aquests ponis aranyó, i seria gairebé impossible manejar-los encara que els lliguéssim, Marcel·la. Hem de fer-los fora d'aquesta terra, i pel que fa a la Fundació, només ens deixen una alternativa. Hem de disparar contra ells.

Durant un moment va regnar el silenci a la cuina. La Mar va mirar el guardaboscos per a comprovar si estava fent broma, però les seves mirades van trobar-se i mostrava determinació.

—Tieta! —la Mar va fer un crit ofegat—. No pots permetre-ho! Aquesta és la teva finca! No poden disparar contra aquests cavalls tan bonics! No pots permetre que els matin! No pots!

La Sandra semblava angoixada.

—Creus que no he lluitat per ells amb ungles i dents, Mar? Sé com n'és de dur això que has sentit. També em fa mal a mi. Fa molt de temps que debatem sobre aquest tema i el nostre grup ha lluitat en tot moment, però ara sembla que no hi ha cap altra solució que aquesta. En Camil té raó. Aquests ponis destrueixen les espècies rares autòctones..., espècies que no podran sobreviure gaire temps més si no els aturem... Si no podem atrapar-los..., aleshores aquesta és l'única solució.

—Però i els ponis? I la seva supervivència? —va dir la Mar.

—Ja ho sé, ja ho sé. Tant de bo hi hagués una manera de salvar-los —va reconèixer la Sandra—. En Camil ja ho va intentar fa temps. Va ser endimoniadament difícil agafar-los i fins i tot vam haver de fer venir un genet expert per a domar-los. Són salvatges, Marcel·la, no són com els vostres típics ponis de muntar. I encara que poguéssim salvar el grup, què faríem després amb ells?

—Però deu haver-hi alguna cosa que es pot fer —va insistir la Mar—. I el semental negre? I si és fill del Napoleó?

La tieta Sandra va quedar-se callada. Quan finalment va parlar, semblava molt trista.

—És un semental salvatge, bonica. L'última vegada que vas trobar-te'l, va intentar matar-te. Senzillament no sé què podem fer per a salvar-lo. És massa arriscat. Algú podria resultar-ne ferit.

—De veritat, Marcel·la, no estaríem fent això si no haguéssim esgotat totes les possibilitats —va dir en Camil—. És el més assenyat...

—Assenyat? És un assassinat! Estem parlant de ponis! Bonic ponis! Alguns d'ells només són poltres! No em puc creure que estigui sentint això! —la Mar va tombar-se cap a la seva tieta—. I no em puc creure que no ho impedeixis!

I dient això va sortir enfurismada de la cuina, va pujar per l'ampla escala de fusta, va entrar corrents a la seva habitació i va tancar la porta d'un cop.

La Mar va quedar-se estirada al llit durant molta estona, mirant fixament el retrat del Napoleó que estava penjat a sobre la llar de foc i preguntant-se què podia fer-hi ella.

Li resultava difícil creure que la seva tieta estigués d'acord amb el guardaboscos i que no fes res per a salvar els ponis. Com a mínim havia d'intentar-ho, no?

La Mar va aixecar-se del llit i va caminar cap al marc de la finestra que donava al porxo de darrere i als estables. La tieta Sandra tenia raó. El semental era perillós. Quan la Neu i ella van ser davant d'ell, havia intentat atacar-les, però la veritat és que va ser culpa de la Mar. En aquell moment no estava preparada per a allò; però aquesta vegada sí que n'estaria. Podria agafar el ronsal i algunes pastanagues per a temptar els ponis...

La Mar va aturar-se un moment. Després va creuar l'habitació cap a l'armari i va treure'n uns pantalons de muntar i les botes. Va posar-se un jersei prim a sobre la samarreta per si canviava el temps i va agafar la motxilla. Va sortir desgrimpant per la finestra de la seva habitació, que quedava sobre el porxo, i estava a punt d'arribar a baix quan va sentir veus sota d'ella.

La Sandra i el guardaboscos eren al camí de terra. La Mar va estirar-se a la teuladeta del porxo, fora del seu camp de visió, i va observar el guardaboscos pujant al tot terreny i dient adéu a la Sandra.

La Mar va veure com s'allunyava el tot terreny i després va esperar-se per a assegurar-se que la seva tieta havia entrat a la casa. No podia arriscar-se que l'enxampessin i sabia que havia d'afanyar-se. Si la seva tieta sabés el que estava a punt de fer, intentaria aturar-la. Valia més marxar ara sense dir res. Quan la Sandra s'adonés que ella no hi era, la Mar i la Neu ja serien a mig camí. Amb una mica de sort capturarien un poni o dos i serien a casa a l'hora de sopar, i la tieta Sandra estaria tan emocionada que no podria enfadar-se amb ella.

La Mar va despenjar-se en silenci per la teuladeta del porxo, i després va enganxar-se a la paret de la casa fins que va estar segura que no hi havia ningú per allà abans de travessar el prat i baixar als estables.

Les gran portes de fusta de l'estable van cruixir tant quan les va obrir, que la Mar estava segura que la seva tieta les havia sentides des de casa. En la foscor dels estables va comprovar si l'Àlvar era allà. Per sort no hi era. Va fer una correguda fins a la sala de les muntures, va agafar el casc, la sella i la brida de la Neu..., i un altre ronsal més que hi havia en un dels suports col·locats en filera sobre la paret.

—Hola, preciosa, sóc jo —va dir la Mar mentre obria la balda de la porta del box de la Neu. L'euga castanya va renillar quan la va veure. La Mar va obrir la porta del box i va entrar-hi. Va donar una pastanaga a la Neu i va fer un cop d'ull a les potes del seu poni. Semblava que no tenia cap ferida després dels esforços de galopar del dia abans.

La Mar es disposava a col·locar-li els arreus, però va aturar-se. Què estava fent? Era una bogeria. Pretenia anar-hi completament sola i com a mínim hi havia trenta ponis salvatges als turons. Ni tan sols tenia un pla. Però, d'altra banda, quina altra oportunitat de salvar-se tindrien els ponis aranyó? No podia quedar-se allà sense fer res.

—Som-hi, Neu —va dir a l'euga mentre li col·locava la sella de muntar—, anem a fer un tomb.

CAPÍTOL 7

Un calfred va recórrer la columna vertebral de la Mar mentre guiava la Neu cap a la porta de cinc barrots que conduïa al camí del bosc. L'última vegada que havien cavalcat per aquell camí s'havien vist obligades a córrer per a salvar la vida. En aquell moment, la Mar escoltava amb atenció, en alerta davant qualsevol so, per petit que fos, que provingués dels arbres. A part d'uns quants refilets d'ocell, el bosc estava immers en un complet silenci.

«No hi ha res», es deia la Mar a si mateixa a cada segon. Va enfilar-se a les barres de la porta i va pujar a la sella de muntar subjectant les regnes per a tranquil·litzar la Neu, que es movia nerviosa.

—Què ha estat això? —va preguntar la Mar. Va contenir la respiració durant un moment intentant captar alguna cosa de nou, però no va sentir res més. Els seus ulls van escodrinyar el bosc que hi havia davant seu —. No és res —va dir-se amb fermesa—, només t'ho estàs imaginant.

La Mar va portar la Neu al trot, pensant que l'euga es calmaria un cop es posés en marxa.

—Tranquil·la, bonica, no t'has d'amoïnar per res —li deia intentant convèncer-se a si mateixa i sense deixar de vigilar el bosc que s'estenia al seu costat mentre cavalcaven.

Finalment van arribar al punt on el camí girava allunyant-se del bosc i baixava cap a les terres de la granja; la Mar va sospirar alleujada.

—Ho veus, Neu? No hi ha cap gatet gros i dolent perseguint-nos aquest cop —va dir mentre li donava un copet amb el palmell de la mà al coll.

Quan el camí cap a la granja va fer-se més pla, la Mar va portar la seva euga a mig galop i va posar-se dreta sobre els estreps mentre la Neu agafava un pas ferm i ràpid. Van anar a mig galop durant molta estona i quan van disminuir la velocitat per a anar caminant una altra vegada, la Mar va veure en la llunyania els cims dels turons verds que envoltaven el llac Aigües Profundes.

La Mar va aturar la Neu al turó del llac. Els ponis aranyó eren allà, just on els havien vist l'última vegada, pasturant pacíficament. La Mar va quedar-se allà un moment, dubtant sobre què havia de fer tot seguit. No volia sobresaltar el grup i arriscar-se que sortissin d'estampida quan la veiessin o notessin la seva presència. Potser si envoltava el llac i anava cap a la riba més allunyada on eren els ponis aranyó, podria apropar-s'hi amb sigil a recer dels arbres.

Va fer girar la Neu i, cavalcant fora de l'abast de la vista del grup, va baixar pel vessant allunyant-se del llac i va voltar el turó. Quan van arribar al punt on la Mar s'imaginava que eren els ponis aranyó, va guiar la Neu fins a la cresta del turó per a poder mirar avall, al llac, un cop més. El grup encara pasturava feliçment. No tenien ni idea que la Mar els estava vigilant. La Mar va mantenir la Neu tranquil·la mentre comptava els cavalls, els bais negres i foscos, els pintos i els grisos.

—Vint-i-cinc, vint-i-sis, vint-i-set.... —va somriure quan va veure els dos poltres fent saltirons al costat de les mares—, vint-i-nou, i trenta!

De sobte, l'escena de pau va ser interrompuda per l'agut renill d'un cavall. La Mar va mirar amunt. El semental! La Mar s'havia estat preguntant on devia ser. Va contenir la respiració i va intentar mantenir ben agafades les regnes mentre la Neu les estirava i s'agitava nerviosa sense parar. L'euga volia córrer. La Mar sabia el que sentia. Ella també estava espantada, i ara tenien temps per a posar-se a córrer abans que el semental s'apropés massa. Tot i que aquesta vegada alguna cosa deia a la Mar que havia de quedar-se quieta.

Les gambades del semental devoraven la terra mentre anava al galop cap a elles. Ja només era a uns metres de distància, més a prop que l'última vegada que van trobar-se, i de sobte va aturar-se davant d'elles. Era tan a prop, que la Mar veia com li tremolaven els flancs a causa dels nervis. El semental va fer un profund rebuf i va sacsejar el cap, però en comptes d'intentar atacar-les com va fer l'última vegada, va fer un pas enrere, com si dubtés què fer.

La Mar ara s'adonava que va ser la por, i no l'odi, allò que va portar-lo a atacar-les l'última vegada que es van veure. Per al cavall negre elles eren unes estranyes..., una amenaça. Fins i tot en aquell moment el semental semblava estar pensant si era segur ésser tan a prop o si havia de reunir el grup i allunyar-se.

La Mar va passar una mà pel coll de la Neu. L'euga estava en tensió. Va parlar-li suaument intentant relaxar-la.

—Tranquil·la, bonica, sigues amable, a veure si ens podem fer amics, d'acord?

El semental va fer un altre pas endavant, després va estirar el coll, fort i elegant, i va saludar la Neu tocant-li el nas amb el seu. Però la Neu no estava segura de si volia ser amiga d'ell.

Va fer un gran rebuf i va agredir el cavall negre amb una de les potes del davant.

—Ep, ep, noooia! Porta't bé —la Mar continuava parlant amb amabilitat a la seva euga.

Semblava que la Neu entenia el to tranquil de la veu de la Mar, perquè va deixar que el semental li toqués el nas una altra vegada i aquest cop no va atacar-lo.

I aleshores va adonar-se'n. La Mar havia cavalcat fins allà per a salvar els ponis i ara era allà, tan a prop del semental. «No s'emocionaria la tieta Sandra si la Neu i jo el poguéssim portar fins a casa?», pensava. Fet i fet, no estava convençuda la seva tieta que el cavall negre era fill del Napoleó, el seu estimat semental suec? Si la Mar havia de salvar algun cavall d'aquell grup, si això era l'únic que podia fer-hi, aleshores havia de ser aquell cavall. Ara ho sabia. Quan el gran semental negre va apropar-se una altra vegada, intentant que el seu nas toqués el de la Neu, la Mar va veure l'oportunitat. Va desenganxar la corda a la qual anava lligat el ronsal a la sella de muntar i va inclinar-se per a fer-la lliscar suaument sobre el coll del cavall amb molta cura. Ja gairebé estava... La Mar va contenir la respiració mentre s'inclinava encara més cap al coll del cavall. El semental va mirar-se la Mar, recelós, però no va immutar-se.

—Tranquil, noi, tot anirà bé —va dir la Mar. De sobte, el semental va notar la corda al coll i va adonar-se del que estava passant. Va començar a caminar enrere sobresaltat, i la Mar, que havia estat tan concentrada en la seva missió, va adonar-se que perdia l'equilibri. Quan va intentar agafar-se a la crinera de la Neu per a evitar caure, va notar que el ronsal li relliscava de les mans i queia a terra.

—Renoi! —va queixar-se sense alçar la veu. Ara no tenia més remei que baixar del cavall per a agafar-lo.

Amb cura i molt a poc a poc, la Mar va baixar del llom de la Neu procurant no espantar el cavall negre amb qualsevol moviment brusc que pogués fer en desmuntar o en ajupir-se per a recollir el ronsal que havia caigut sobre l'herba. Mentre feia tots aquests moviments, no deixava de parlar al semental amb veu baixa però ferma. Per un moment el cavall va quedar-se allà, tranquil, amb les orelles tombades per a poder escoltar-la. Aleshores, tot d'una, va decidir que ja n'havia tingut prou. Va allunyar-se de la Mar i la Neu, va girar cua i va galopar cap al grup.

En aquell mateix moment, la Mar, que intentava recuperar el ronsal, va adonar-se que ja no subjectava la Neu per les regnes.

—Neu! —la Mar va fer un salt endavant i va intentar agafar les regnes, però la Neu va espantar-se. L'euga va fer un pas enrere allunyant-se de la Mar, confusa i acoquinada. La Mar va cridar-la un cop més com un últim intent per a agafar-la mentre la Neu rebufava sorpresa i després es tombava i començava a anar a mig galop pels matolls d'herbes, seguint el semental que anava cap al grup.

—Neu, no! —la veu li gratava el coll mentre cridava amb desesperació la seva euga.

La Mar va córrer darrere d'ella, però el ràpid moviment dels dos cavalls havia espantat el grup salvatge, que també havia començat a dispersar-se.

Quan la Mar travessava corrent els matolls d'herba va veure's envoltada pels ponis aranyó, tot ells encegats pel pànic. El grup sencer es movia i cap no volia quedar-se enrere.

Fins aquell moment, la Mar s'havia estat preocupant per la Neu, però ara lluitava per a salvar la seva vida. Va veure's obligada a ajupir-se i obrir-se camí entre el grup espantat. Feia la impressió que tots els ponis eren al seu voltant i corrien frenèticament, sense saber i sense importar-los passar per sobre de ningú que fos al seu camí. La Mar va fer un crit quan un poni fosc va estar a punt de xocar amb ella i va haver de fer un salt per a apartar-se del seu camí. En fer això, va perdre l'equilibri i va ensopegar amb una roca. Va ajupir-se, i instintivament va caragolar-se, i d'alguna manera va aconseguir incrustar-se en un petit forat que hi havia a la roca. El següent que va percebre sobre el seu cap va ser l'aire i el so produït per les curses precipitades; el cel va convertir-se en un munt de cascs de cavall colpejant el terra quan el grup va passar just per sobre d'ella. La Mar va cridar i va posar-se les mans a sobre el cap. El soroll al seu voltant era ensordidor.

Quan la Mar va creure que ja podia aixecar-se de nou, els ponis eren a quilòmetres de distància i s'enfilaven pel turó per a allunyar-se del llac. Havia perdut de vista la Neu per complet. On devia ser?

La Mar va contenir la respiració i va mirar l'horitzó mentre el seu cor bategava com un tambor dins el pit. On era la seva euga?

Allà! La Neu corria gairebé davant de tot del grup. La Mar podia veure la seva crinera i cua rosses onejant amb el vent, amb el cap ben alt mentre galopava.

De sobte la Neu va aturar-se, va tombar-se i va mirar cap al llac. Semblava buscar-la amb desesperació, com si sabés que estava perduda i que havia de trobar la Mar.

—Neu! —va cridar-la la Mar—. Sóc aquí, Neu! —va posar-se les mans a la boca i va xiular, però el seu xiulet va ser silenciat per l'aguda crida del semental negre mentre pujava al galop pel turó darrere les eugues, conduint el grup i obligant-la a arribar fins a la cresta del turó.

—Neu! —la Mar va cridar-la de nou desesperadament. Allò anava cada vegada pitjor. La Neu s'havia tombat un altre cop i s'allunyava.

La Mar va observar amb impotència com desapareixien els cavalls per darrere el turó.

—Neu! —va cridar un altre cop, tot i que sabia que era inútil. El so dels cascs era ja tan distant, que amb prou feines podia sentir-los. Els ponis salvatges havien marxat... i la Neu se n'havia anat amb ells.

La Mar va quedar-se observant el cim durant molta estona, incapaç de creure's el que acabava de passar. Després va girar cua i va caminar per l'herba, fent que no amb el cap i gemegant, fins que va trobar el lloc on li havia caigut el ronsal. Va ajupir-se a collir-lo i després van inundar-la les llàgrimes. Aquesta vegada tenia un problema greu i ho sabia. No hi havia manera que ella sola pogués recuperar el seu cavall; i no només això, hauria de caminar durant hores per a arribar a la casa, i ni tan sols sabia on era.

La Mar va seure a l'herba per a pensar què faria a continuació. Havia d'esperar-se una mica més?, es preguntava. Potser la Neu tornaria. No podia deixar la Neu allà amb el grup. No era un cavall salvatge..., no sabria com sobreviure en aquell estat. I encara portava la sella i la brida. I si es quedava enganxada en un arbre? A més, el semental negre era tan protector del seu grup, que podria posar-se en contra de la Neu i fer-li mal. Al capdavall, ella era una estranya. La Neu no tindria prou força per a lluitar contra un semental com aquell. La Mar havia de seguir el grup i intentar recuperar la seva euga.

La nena va mirar el ronsal que tenia al costat. Va recollir-lo i va posar-se dreta analitzant el turó que tenia davant. Després va deixar caure el ronsal sobre l'herba i de nou va seure al seu costat. Què pensava? Probablement la Neu era a quilòmetres d'allà en aquell moment. La Mar no hi podia anar a peu. L'única cosa lògica que podia fer era intentar arribar a casa i demanar ajuda. La Mar va calcular que si sortia en aquell moment, podia arribar a la casa pairal abans del capvespre.

Hi havia dos camins per a tornar a casa des del llac Aigües Profundes. Podia anar pel bosc, però alguna cosa li deia que tornar a casa per la mateixa ruta no semblava una bona idea. És possible que pogués esquivar el *grimalkin* muntant la Neu, però a peu era una altra història. A més, el bosc li produïa calfreds. El millor seria anar per la carretera de la costa fent una mica de volta. Trigaria aproximadament una hora més, però com a mínim era a camp obert.

La Mar va mirar el mapa. La carretera de la costa recorria la propietat de la tieta Sandra. Començava al mar, passava a prop del llac Aigües Profundes i travessava camps ondulats fins a arribar a la casa pairal de l'Aranyó. A l'esquerra podia veure l'oceà blau a l'horitzó. Va tornar a mirar cap a la dreta... Hi havia un llarg camí fins a casa de la seva tieta.

«La veritat és que la paraula "carretera" li queda una mica gran», pensava la Mar mentre caminava. En realitat, la carretera de la costa no era gaire més que un camí ample de terra i grava. Tenia prou amplada perquè pogués passar un cotxe o un camió, però no era una carretera de veritat. Era propietat privada i les úniques persones que passaven conduint per allà eren l'Àlvar o la Sandra. No hi havia cap possibilitat que es trobés algú que la recollís per casualitat.

Després d'haver caminat durant un parell d'hores, la carretera girava bruscament cap a l'interior formant una franja ampla que creuava pastures verdes. El sol brillava, però una brisa fresca evitava que el dia fos massa calorós. La Mar va aturar-se un moment per a treure's el jersei i va posar-lo a la motxilla amb el casc i el ronsal.

Estava tancant de nou la motxilla quan va sentir un soroll a l'esquena. Va mirar al seu voltant però no va veure res. Durant un moment va contenir la respiració i no es va moure. Era allà una altra vegada! Sonava com un grunyit sord i baix. Va mirar cap a l'horitzó. El camp que tenia a la seva dreta era un prat verd obert, però a l'esquerra hi havia uns matolls espessos i enredats d'aranyoners, no gaire lluny de la carretera. La Mar va mirar cap als aranyoners. No hi veia res, però estava segura que sentia alguna cosa. Va començar a caminar de nou, però no havia avançat gaire per la carretera quan va sentir-ho una altra vegada. Aquest cop n'estava segura. Era el grunyit sord i baix d'un felí. El *grimalkin* era entre els aranyoners i l'estava vigilant.

Quan ho recordava més tard, la Mar s'adonava que el que havia fet aleshores havia estat una estupidesa, però el pànic va apoderar-se d'ella. Va continuar caminant una mica més mentre premia les corretges de la motxilla i després, sense ni tan sols mirar enrere, va començar a córrer tan de pressa com podia.

Tan bon punt va començar a córrer, el soroll que la seguia va fer-se encara més fort. Podia sentir el *grimalkin* movent la brolla que hi havia per sota dels aranyoners. El gruny profund del felí se sentia cada vegada més a prop. L'estava perseguint. Va adonar-se que no havia d'haver corregut. No podia córrer més que ell. Potser s'havia d'enfilar en un arbre? Però probablement el *grimalkin* també s'enfilaria darrere d'ella. A més, no hi havia arbres als quals enfilar-se! La Mar sentia els batecs del cor al pit. No podria continuar corrent durant gaire temps més.

En aquell moment va sentir el *grimalkin* darrere d'ella, cada vegada més a prop. I després va sentir un altre so, un so que va fer que el cor se li disparés. Era un so de cascs de cavall. Massa espantada per a disminuir la velocitat, la Mar va intentar continuar corrent i mirar enrere a l'hora. El sol brillava al cel i quan va mirar mig aclucant els ulls amb prou feines va poder veure res. Era un cavall el que s'apropava a ella per la carretera de terra? Sí! Era un cavall. Podia veure el pelatge clapat gris brillant com si fos una armadura a la llum del sol. Era el Místic!

Mentre el petit poni gris s'apropava, la Mar pensava de pressa. Va parar de córrer i va enfilar-se d'un salt a un arbre que tenia a prop.

—Místic! —va cridar-lo.

El poni gris va girar bruscament per a seguir-la i quan va apropar-se prou, ella va fer un salt a l'aire sobre el seu llom, i van marxar corrents. El Místic va disminuir el pas un moment mentre la Mar buscava l'equilibri, i després va continuar a tot galop, amb la Mar agafant-se a ell desesperadament i les mans estrenyent la llarga crinera solta.

—Som-hi, Místic! —la Mar animava el seu cavall, però no calia fer-ho. El Místic ja corria a tota velocitat, les seves potes volaven sobre el terra, els seus cascs marcaven un ritme frenètic sobre la terra de roca dura de la carretera.

Quan per fi el clapat gris va començar a anar més a poc a poc, ja havien deixat enrere els aranyoners i la Mar sabia que havien guanyat la cursa al *grimalkin.* Fins que el Místic no va anar al pas una altra vegada i la Mar va poder deixar anar les mans de la crinera del cavall, no va adonar-se de com tremolava.

—Místic! Déu meu! Què era allò? —va murmurar la Mar al poni gris. En aquell moment va adonar-se que s'havia sentit tan atemorida amb el *grimalkin,* que amb prou feines havia tingut temps de pensar que el Místic, el seu Místic, havia tornat. No s'havia oblidat d'ella. Encara era allà vetllant per la seva mestressa.

La Mar va passar les mans pel coll platejat del petit poni. Ell va sacsejar la crinera i va rebufar. El Místic havia tornat. No sabia quina bèstia hi havia entre els aranyoners, però sí que ell l'havia salvat. La Mar va mirar enrere cap a la carretera. Allà no hi havia res. Tanmateix, sabia que el *grimalkin* encara era en algun lloc del bosc. I també la Neu.

CAPÍTOL 8

Quan la Mar va arribar a la casa pairal, va trobar-se tothom en estat d'alarma. Els gossos corrien com bojos pel prat dels cirerers i la tieta Sandra era al porxo amb l'Àlvar i un grup d'homes vestits amb l'uniforme de guardaboscos. La Sandra era qui més parlava, i els homes escoltaven i assentien amb el cap; tothom semblava molt amoïnat.

La Mar va travessar l'herba dirigint-se cap a ells. Havia deixat marxar el Místic quan havien arribat al camí de la granja perquè no volia arriscar-se que algú el veiés. En aquell moment, quan ja tenia la casa a la vista, els gossos van començar a bordar amb força i van córrer a buscar-la. L'Àlvar també la va veure i va anar corrent darrere d'ells.

—On eres, Mar? —va panteixar l'Àlvar mentre arribava al seu costat—. La Sandra està molt preocupada. Ha trucat als guardaboscos. Érem a punt d'organitzar un grup de recerca.

—M'ho imagino. Em sap molt de greu —va disculpar-se la Mar—. No pretenia amoïnar ningú. Pensava tornar més d'hora a casa.

—Tornar d'on? —va preguntar l'Àlvar.

—Del llac —va dir la Mar—. He anat al llac a buscar els cavalls...

—Que has fet què? —l'Àlvar estava atònit.

—Àlvar, m'he trobat el semental... i gairebé l'atrapo! Si la resta del grup no l'hagués espantat i no m'hagués caigut el ronsal, tot hauria sortit bé, però després la Neu també s'ha espantat i s'ha escapat, i jo m'he quedat allà, enmig del no-res, i ara la Neu no hi és...

L'Àlvar feia que no amb incredulitat. Va alçar la mirada i va veure que la Sandra s'apropava a ells, saltant enèrgicament amb el seu bastó mentre creuava el prat.

—Escolta —va xiuxiuejar a la Mar—, no li expliquis a la teva tieta res de tot això. No et deixarà sortir de casa si creu que vas a la caça de sementals salvatges. Estigues callada i deixa'm parlar a mi.

—Marcel·la! Gràcies a Déu que estàs bé! —la Sandra va deixar caure el bastó, va agafar la Mar i gairebé va asfixiar-la en una abraçada amb perfum de Chanel—. On redimonis eres? Estàvem molt preocupats!

—Doncs jo... Bé... Jo...

—La Mar ha anat a fer una volta amb la Neu i ha caigut —va dir l'Àlvar ràpidament.

—De veritat? —la Sandra va fer una expressió d'incredulitat—. Aquest matí semblaves molt disgustada. He pensat que potser havies decidit fer alguna cosa precipitadament.

La Mar va mirar l'Àlvar de reüll.

—Bé..., és cert, estava disgustada, per això he pensat que fer un passeig a cavall m'ajudaria a pensar. Sé que hauria d'haver-te dit que marxava, però he pensat que no em deixaries sortir pel tema del *grimalkin,* així que he decidit marxar d'amagat. Ho sento molt. No volia donar-te problemes. Pensava que tornaria abans i que ningú no s'adonaria que me n'havia anat...

—Caram, veig que has tornat sana i estàlvia —va interrompre la forta veu d'en Camil apropant-se a ells. El guardaboscos no semblava alegrar-se gaire de veure la Mar—. Això ha estat una autèntica pèrdua de temps, oi, Sandra? Recollirem les coses i marxarem —el guardaboscos va mirar enfadat la Mar—. Has espantat molt la teva tieta, joveneta, i ens has fet perdre un temps molt valuós. Espero que no torni a passar.

En Camil va fer un senyal amb el cap als altres guardes, que començaven a recollir les motxilles i walkie-talkies i a amuntegar-los als tot terreny per a marxar pel camí d'entrada de la casa.

—No t'amoïnis per en Camil —va dir la Sandra mentre li feia adéu amb la mà—, una bona missió de recerca i rescat és el que volien aquests homes. Només estan enfadats perquè has aparegut massa d'hora i els has espatllat la diversió. —Aleshores va tombar-se cap a la seva neboda amb expressió seriosa i va dir-li:— Ara m'explicaràs el que ha passat de debò? On és la Neu?

—He anat..., he anat a buscar els cavalls salvatges, i jo..., i a la Neu l'ha espantada el semental i s'ha escapat. L'he perduda i he hagut de tornar a casa caminant... —va sospirar la Mar.

—Estàs bé? —va preguntar la Sandra amb cara de preocupació.

—Estic bé, tieta, però la Neu encara és allà fora. Probablement molt espantada. Tieta Sandra, l'hem d'anar a buscar!

—És un cavall, Marcel·la —va dir la Sandra amb fermesa—, pot sobreviure a una nit de llibertat en estat salvatge. A més, ara ja és massa tard. No deus voler anar a caçar cavalls salvatges en la foscor. L'Àlvar i tu podeu anar a buscar-la amb el Diable i la Britney demà quan surti el sol —la Sandra parlava molt seriosament—. I ara no em desobeeixis; no res de marxar corrents una altra vegada a rescatar cavalls salvatges, d'acord? Sé que les notícies d'en Camil sobre l'eliminació selectiva t'han impressionat molt i m'encanta que vulguis salvar els ponis, però hem de ser assenyades i pensar en tot..., totes dues juntes —va afegir somrient—. Ara entrem a casa. Et cal un bon bany i anar a dormir. Deus estar esgotada si has tornat a peu fins a casa.

—Doncs sí —va respondre la Mar.

La Mar va fer un últim cop d'ull al camí d'entrada.

—No t'amoïnis —la veu de l'Àlvar resultava tranquil·litzadora—. Demà la trobarem. Ensellarem i sortirem tan bon punt hi hagi llum. Ens trobarem als estables a primera hora, d'acord?

—Gràcies, Àlvar... —va començar a dir la Mar—, tot ha estat culpa meva. La Neu és allà fora tota sola i el *grimalkin* també... —va notar un calfred de pensar-ho.

El *grimalkin* havia matat la Pampa. I si li feia mal a la Neu?

—La portarem a casa una altra vegada, t'ho prometo —va dir l'Àlvar amb veu amable—. Et veuré demà a les set.

—No entres a casa a sopar amb nosaltres? —va preguntar-li la Mar.

—No, gràcies —va respondre l'Àlvar—, encara he de donar el menjar als cavalls. A més, la Sandra està fent pollastre rostit —va dir amb una ganyota—. Ja he menjat el seu pollastre rostit altres vegades i prefereixo no fer-ho avui —va afegir, somrient—. M'alegro de veritat que estiguis bé, Mar. Jo..., vull dir, la teva tieta estava molt preocupada per tu —i, dient això, l'Àlvar va fer adéu amb la mà mentre girava cua i començava a marxar pel camí d'entrada.

Quan la Mar va arribar als estables l'endemà, l'Àlvar ja havia posat els arreus als cavalls i era a punt per a sortir.

—Jo aniré amb el Diable i tu, amb la Britney —va dir allargant les regnes de l'euga a la Mar. L'Àlvar va mirar el rellotge—. Són tres quarts de vuit —va dir—. Hauríem de ser al llac d'aquí a un parell d'hores si fem un bon temps pel camí dels turons. Som-hi, marxem ja.

—Tranquil·la, Britney —va dir la Mar mentre posava un peu en un estrep i s'enfilava a la sella amb cura. Va tenir una sensació estranya de muntar en un cavall que no fos el Místic o la Neu. La Britney era una desconeguda i molt diferent dels seus cavalls. Era més baixeta i robusta que la Neu..., de raça quarter americà com el Diable, amb el coll curt i les espatlles amples. Les cames de la Mar van envoltar l'ample ventre de l'euga. Va mirar avall, cap al palomino daurat, i va dubtar un moment.

—És una euga molt dòcil, no tindràs problemes amb ella. És la preferida de la Sandra —va somriure l'Àlvar.

La llum de l'alba tenyia el cel de rosa a l'horitzó mentre l'Àlvar anava cap a la porta que donava al camí del turó.

—Ets a punt? —va preguntar l'Àlvar, que tenia feina per a subjectar el Diable; el cavall clapat tenia pressa per a marxar.

La Mar va assentir amb el cap i va fer petar la llengua. La Britney va agafar un pas ferm al costat del Diable, i els dos cavalls van sortir amb les gambades compassades.

Van anar a mig galop en silenci durant tot el camí del turó. De tant en tant, la Mar mirava de reüll el bosc que quedava al seu costat, però tot estava tranquil. No hi havia senyals del *grimalkin.* La Mar va posar-se dreta sobre els estreps i va inclinar-se sobre el coll de la Britney mentre anava a mig galop. El sol ja havia sortit del tot i el palomino semblava encara més bonic banyat per la llum daurada del matí.

Fins que no van passar el bosc i van començar a baixar per les terres de la granja, l'Àlvar no va posar el Diable al trot i van ser capaços de parlar.

—Gràcies per venir amb mi a buscar la Neu —va dir la Mar.

L'Àlvar va arronsar les espatlles.

—De res. No crec que la Sandra t'hagués deixat muntar sola una altra vegada i, de totes passades, és divertit. Aquests últims dies no he pogut passejar gaire a cavall. Tinc massa feina a la granja.

—Ja ho veig —va dir la Mar—. Em sap greu, de veritat. Sé que tens molta feina i millors coses per fer que sortir a buscar el meu cavall...

—No volia dir això exactament —va tallar-la l'Àlvar—. Només vull dir... que m'ho estic passant molt bé.

—Jo, també, però tens una gran pel·lícula d'aquí a poc temps, oi? La meva tieta diu que estàs molt ocupat entrenant els cavalls.

—La Sandra es preocupa massa. La majoria dels seus cavalls ja estan prou preparats..., no cal que s'entrenin més. Mira el Diable —va dir l'Àlvar—, se sap tots els trucs del guió. Pot pujar escales, comptar fins a deu, ballar un vals i inclinar el cap al final. La Sandra li va ensenyar tot això i suposo que també m'està entrenant a mi —va dir rient—. Sap com convèncer els animals i les persones perquè facin el que ella vol —L'Àlvar va donar un copet al coll del Diable.— Mira..., vols veure un dels seus trucs?

La Mar va fer que sí amb el cap.

—Doncs endavant! —i l'Àlvar, de sobte, va portar el Diable a mig galop. La Mar va haver d'aturar la Britney per a observar el cavall clapat anar a mig galop en cercle davant d'ella. L'Àlvar va saludar-la amb la mà—. Mira això! —va cridar.

Quan el Diable encara anava a mig galop tranquil·lament, l'Àlvar va passar una cama per sobre la part del darrere de la sella de muntar i va quedar-se dret sobre l'estrep, després va mantenir-se en equilibri sobre un costat del cavall i va aferrar-se a la sella amb les dues mans. El Diable continuava a mig galop com si no hi hagués res fora del normal en el fet que el seu genet estigués penjat de la sella com un mico. Quan van fer una volta més, l'Àlvar va ajupir-se. La Mar no va poder veure'l quan va passar per on era ella. Anava penjat tan avall, que el Diable el tapava, i feia la sensació que el cavall anava a mig galop sense genet. Després va aparèixer el cap de l'Àlvar per sota el ventre del cavall. Va fer una volta més a mig galop agafant-se amb una sola mà. Va estendre l'altra mà per a arribar a terra per sota del cavall i va agafar una margarida silvestre. Va girar amb gràcia una altra vegada, va seure a la sella i va estirar amb força les regnes del Diable. El cavall castrat va aixecar les potes del davant d'una manera espectacular i va agitar-les a l'aire. Després va abaixar-les de nou, rebufant i fent salts, molt satisfet amb la seva representació. L'Àlvar va anar cavalcant cap a la Mar i va oferir-li la margarida.

—Ualà! —va exclamar la Mar amb un ample somriure, agafant la flor de l'Àlvar i col·locant-la a la brida de la Britney, darrere les orelles—. Ha estat increïble!

—Trucs de vaquers! —va somriure l'Àlvar—. Són com els de les pel·lícules de l'oest. Ja ho saps, quan el vaquer s'amaga al costat del cavall i cavalca ajupit; els altres vaquers ni tan sols saben que és allà per a disparar-los. El Diable és fantàstic en tots els trucs de vaquers.

La Sandra fins i tot li ha ensenyat a fer-se el mort quan li disparen amb una arma; així és com es va trencar la cama. Ell va deixar-se caure a terra i va enxampar-la a sota per error.

—Ho sabia, m'ho havia explicat —va dir la Mar.

—La Sandra m'ha dit que la Neu també sap uns quants trucs, no? —va preguntar l'Àlvar.

—No sap fer res de tan impressionant com el Diable, però sap inclinar el cap. En va aprendre quan va estar a l'*Espectacle Dansa Magnífica* —va explicar-li la Mar—. I sempre ve quan xiulo.

—Perfecte. Aquest truc ens anirà molt bé —va dir l'Àlvar—. Aquí hi ha molt de camp. Podries xiular una mica per a atraure la Neu cap a on som nosaltres.

La Mar va mirar amunt i les terres que tenia al davant. La granja de l'Aranyó ocupava centenars de quilòmetres miressis cap a on miressis. Com podrien trobar la seva euga? Era com buscar una agulla en un paller. La Mar era a punt de comentar-ho quan va sentir un agut renill que travessava netament l'aire del matí. Podia ser la Neu? Va alçar la vista cap al lloc d'on provenia el so. Davant d'ella, retallant l'horitzó va distingir la figura d'un poni amb el pelatge clapat brillant al sol. Va mig aclucar els ulls i va intentar mirar de nou. El cavall havia desaparegut, però sabia que no s'ho imaginava. Era el Místic, que intentava dir-li que el seguís. L'estava portant cap a la Neu.

—Cap allà! —va dir amb confiança a l'Àlvar—. He sentit un renill. Hem d'anar cap allà.

Mentre anaven a mig galop pel prat, la Mar continuava guaitant l'horitzó buscant el seu poni gris. Algunes vegades veia el Místic per davant d'ella, com si estigués esperant que l'atrapés. Però quan s'apropava prou, el petit cavall de pèl blanc i negre corria una altra vegada, sempre per davant d'ella, guiant-la.

Havien cavalcat diversos quilòmetres així quan la Mar va arribar finalment al cim del turó i va mirar avall per l'altra banda. Quan va veure un cavall a la vall, al principi va pensar que era el Místic. Després va adonar-se que era una de les eugues grises, la que tenia el poltre negre entre les potes. Al costat de l'euga grisa pasturava un cavall pinto castany, un bai negre i un parell de foscos.

—Àlvar! —va cridar la Mar tombant el cap enrere—. Àlvar, he trobat el grup!

Mentre l'Àlvar arribava amb el Diable al seu costat, la Mar observava els cavalls buscant desesperadament la Neu. L'euga castanya i el semental negre no es veien per enlloc.

—Àlvar, no és aquí! —el pànic va envair la veu de la Mar. On era la Neu? Li devia haver passat alguna cosa a la seva estimada euga?

—Ha de ser per aquí, tranquil·la —va respondre l'Àlvar.

Només de dir això, sobre el cim del turó va aparèixer la Neu.

La Mar va sentir-se alleujada en veure al llom del cavall la sella de muntar d'en Tomàs Ardit. La sella estava una mica caiguda cap a l'esquerra i les regnes estaven trencades i soltes al voltant de les potes, però la Neu semblava estar bé. Va començar a córrer a mig galop amb el cap alt i va emetre un fort renill agut com a crida. Aquesta vegada un altre cavall va respondre la seva crida.

Ara tenien a la vista el semental negre. Les seves grans gambades picaven el terra mentre atrapava la Neu. La Mar va quedar impressionada de nou per la bellesa del cavall negre.

—Que bonic que és! —va dir a l'Àlvar.

—No m'ho puc creure. És com el Napoleó..., però aquest és negre atzabeja —va dir l'Àlvar.

—De veritat ho creus? —va preguntar la Mar.

—I tant. La Sandra es tornarà boja quan el vegi —va dir l'Àlvar, que s'havia quedat paralitzat en veure el gran cavall negre i no en podia apartar els ulls.

—Què vols dir? —va preguntar la Mar.

—Au, Mar. Tu mateixa vas dir que vas estar a punt d'agafar-lo ahir. I ara que s'ha fet amic de la Neu, encara serà més fàcil. Vas dir que el volies salvar. Bé, doncs ara en tens una oportunitat. Podem fer-ho junts. Podem portar el cavall negre a casa. Què me'n dius?

La Mar va mirar l'Àlvar.

—Ho estàs dient de debò? —va dir entusiasmada.

L'Àlvar va somriure amplament i va assentir.

La Mar va tornar-li el somriure.

—Fem-ho, doncs! —la Mar va notar com un calfred d'emoció li baixava per la columna. Aquesta vegada atraparien el cavall negre, n'estava segura. Tenia un pla.

CAPÍTOL 9

No podien perdre temps. Els cavalls encara no els havien vist, però tot i que comptaven amb el factor sorpresa s'havien de moure amb rapidesa.

—Allà, darrere d'aquells arbres! —la Mar va donar instruccions a l'Àlvar. A la seva dreta hi havia una petita arbreda d'aranyoners, perfecta per a amagar-se i que el semental no els veiés. La Mar i l'Àlvar van fer petar la llengua al Diable i la Britney perquè es posessin a mig galop i després de fer unes quantes gambades van amagar-se darrere els arbres.

—I ara què fem? —va preguntar l'Àlvar.

—Ara és el moment de recuperar el meu cavall —va dir la Mar. Va baixar de la Britney i va mirar fixament a través dels arbres mentre passava les regnes a l'Àlvar. Després va posar-se els dits a la boca, va bufar i va sortir-ne un xiulet fort i agut.

La Mar i l'Àlvar van esperar en silenci. No res.

—Intenta-ho una altra vegada —va proposar l'Àlvar. Però abans que la Mar es posés els dits a la boca de nou, van sentir com s'apropaven uns cascs.

—Neu —va murmurar la Mar amb veu ronca. El cor li bategava amb força al pit. No podia veure res des de darrere d'aquells arbres. Era la Neu qui venia cap a ells? No gosava treure el cap per a mirar per si de cas el semental la veia i s'espantava. Aquesta vegada va contestar un renill suau... La Neu era allà! L'euga donava cops amb el cap a les palpentes als arbres d'una banda de l'arbreda, i la Mar no va poder evitar riure.

—Hola, preciosa! —va dir somrient. Va buscar amb una mà una pastanaga que portava a la motxilla mentre la Neu es reunia amb ells darrere els arbres, renillant suaument i feliç d'estar al costat de la seva mestressa—. Neu, estàs bé? M'has fet patir molt, bonica.

La Mar va abraçar el seu poni, va donar-li la pastanaga i va subjectar-la per les regnes trencades. No permetria que tornés a escapar-se mai més.

La Mar va fer una passa enrere i va examinar l'euga, que semblava estar en bones condicions. Va passar-li la mà per tot el cos. No hi tenia marques importants.

—Bona noia. M'alegro que estiguis bé —va murmurejar la Mar. Va portar el seu poni cap a on era l'Àlvar subjectant la Britney.

La Mar va deslligar la cingla de la Neu i li va treure la sella de muntar. Després, engrapant encara les regnes de la Neu amb una mà, va estirar-se i va descordar la cingla de la Britney per a treure-li també la sella. Comparada amb la sella lleugera de la Neu, la de la Britney semblava que pesés una tona. Era una cadira robusta, grossa i voluminosa per a suportar el pes d'un genet que penja per un costat, perfecta per a muntar en una escena perillosa. Va aixecar la sella a l'aire i va posar-la sobre el llom de la Neu.

—Tranquil·la, noia —va dir la Mar a la Neu mentre li lligava la cingla.

—Per què estàs canviant les selles? —va preguntar l'Àlvar mentre la Mar clavava una estrebada per a estrènyer la cingla i la comprovava per última vegada.

—Perquè necessito una sella més resistent per a fer el truc, per això! —va respondre la Mar, impassible—. Ara queda't aquí i aguanta la Britney. Pots posar-li la sella de la Neu mentre jo no hi sóc. Queda't amagat si no és que et crido, d'acord?

—No. No hi estic d'acord —va contestar l'Àlvar—. Primer vull que em diguis què vols fer. Quins són els teus plans exactament?

—La veritat és que és el teu pla —va dir la Mar—. Se m'ha acudit una idea quan he vist el truc que has fet amb el Diable abans —va dir tombant la cara cap a l'Àlvar—. Al semental negre li agrada la Neu, oi? Ara forma part del seu grup, i ella pot acostar-s'hi sense problemes. Però encara no confia en mi. Si m'hi veu muntada, podria espantar-se i fugir —la Mar va fer una pausa—. Però i si no em veu?

—No entenc res —va dir l'Àlvar—, com t'hi aproparàs sense que et vegi?

La Mar va posar un peu a l'estrep i va enfilar-se a la Neu. Va passar una cama per la part de darrere la sella i va balancejar-se com una gimnasta cap a un costat del cavall, repenjant tot el seu pes en un estrep. En aquesta posició va practicar el moviment d'ajupir-se i penjar d'un costat de la sella, igual que havia fet l'Àlvar amb el Diable.

—Així —va dir a l'Àlvar—. Faré el mateix truc que has fet tu amb el Diable. Puc fer-lo amb la Neu.

La Mar va ajupir-se una altra vegada, després va tornar a passar la cama per sobre i va quedar-se asseguda a la sella de nou.

—Àlvar, això funcionarà! Si vaig penjada de la sella per un costat i em quedo ajupida en aquesta posició, puc portar la Neu fins al semental. No sabrà que sóc allà fins que estiguem ben a prop. Després puc passar-li la corda pel coll i lligar-lo a la sella de la Neu perquè no pugui fugir.

L'Àlvar va romandre en silenci.

—I bé? Què en penses?

La Mar va contenir la respiració mentre l'Àlvar reflexionava sobre la idea. Finalment, després d'una llarga pausa, va dir:

—Crec que és el millor pla que tenim. La Neu i tu teniu més possibilitats d'agafar-lo així. Si ens acostem tots dos fins a ell s'espantarà. Ara, deixa'm ensenyar-te com has de penjar-te bé de la sella. No volem que acabis arrossegant-te per sota el ventre de la Neu, oi?

Després d'una classe ràpida de l'Àlvar, que també va ajudar-la a fer un llaç a la corda que volia fer lliscar pel coll del semental, la Mar va tornar a muntar i va col·locar-se bé.

—Tranquil·la, Neu —va dir la Mar mentre es deixava caure cap a la banda esquerra de l'euga.

—Estàs preparada? —va preguntar l'Àlvar.

La Mar va assentir amb el cap. Només feia un parell de minuts que estava en aquella posició, però ja li feien mal els braços, que carregaven tot el pes del cos. Tenia rampes als dits d'agafar-se a la part del davant de la sella amb una mà i a la part del darrere amb l'altra. Ho havia de fer de pressa abans que els braços se li rendissin.

—Al trot, Neu —va xiuxiuejar la Mar a l'euga en veu baixa. La Neu va respondre de seguida a la seva veu, i va començar a anar al trot mentre la Mar estirava la regna esquerra i guiava l'euga cap al semental.

Quan la Neu va accelerar el trot, la muntura feia algunes sacsejades. «Aguanta una mica més, ja no falta gaire...», es deia la Mar. Li feien molt de mal els braços. Tenia unes rampes horroroses a la mà esquerra, amb la que agafava el pom. La mà dreta, humida per la suor, començava a relliscar-li...

Just quan la Mar pensava que es deixava anar, la Neu va començar a anar més a poc a poc fins que es va aturar. L'euga va fer un renill agut i la Mar va sentir com el semental responia. Era a prop, molt a prop. La Mar no podia veure on era, i estava massa nerviosa per a aixecar el cap i mirar per sobre la sella per si el cavall la veia i fugia corrents. No sabia què fer. Allò era una bogeria! No podria agafar el semental si no el podia veure!

Aleshores va adonar-se que podia intentar fer el mateix truc que havia fet l'Àlvar per a agafar la flor. Si penjava prou avall, per sota el ventre de la Neu, seria capaç de mirar entre les potes de l'euga i veure el semental que era a l'altre costat.

Quan va posar-se de cap per avall, el primer que va sentir va ser com la sang li pujava al cap. Després era allà, balancejant-se de cap per avall, amb la cara gairebé a terra; només estava agafada al cuir de l'estrep amb la mà dreta per a no caure.

Ara que era tan avall, podia mirar per entre les potes de la Neu i veure el semental. Tenia raó. Estava molt a prop. En realitat era al costat de la Neu. Si ella apareixia de sobte, el semental fugiria segur. Com podria apropar-se prou per a fer lliscar la corda al voltant del cos sense que ell la veiés? Havia de pensar de pressa.

Controlant els nervis, la Mar va desenganxar la corda de la sella i va treure el peu de l'estrep, i el deixà caure a terra en silenci. Encara estava amagada darrere el cos de la Neu, i el semental no la veia. Va repenjar l'esquena al ventre de la Neu i va respirar profundament. A poc a poc, aquesta era la manera de fer-ho. Va ajupir-se al costat de la Neu, després va arrossegar-se per sota el ventre i va quedar-se arraulida entre les potes. Era molt arriscat quedar-se allà. Si la Neu de sobte es movia, o fins i tot movia un casc, li donaria un cop. Havia de confiar en el seu poni. La Neu sabia que la Mar era allà; no li faria mal. La Neu no va moure ni un múscul mentre la Mar avançava per sota del ventre i es col·locava en posició.

El semental era just per sobre d'ella en aquell moment. Era tan a prop, que la Mar podia arribar-hi amb la mà i tocar-lo. El gran cavall negre va abaixar el cap sobre l'euga castanya i va mossegar-li afectuosament l'espatlla. No hi havia millor moment per a fer-ho. O ara o mai!

En un ràpid moviment, la Mar va sortir de sota el ventre de la Neu, va llançar la corda al voltant del coll del semental i va agafar-ne l'extrem.

El cavall negre va notar la corda al coll i, de sobte, va adonar-se que la Mar era allà. Sobresaltat, va recular, i la corda va tibar-se. Quan va fer això, la Mar va lligar ràpidament la corda al pom de la sella de la Neu. Després va posar el peu a l'estrep i va llançar-se desesperada sobre el llom de la Neu.

Mentre el semental tirava enrere i estirava la corda, la Mar intentava dominar les regnes de la Neu perquè ella també anés enrere, demanant a la seva euga que no cedís terreny davant el gran cavall negre. El semental estirava amb força la corda, sacsejava el cap i intentava alliberar-se'n. Va saltar unes quantes vegades, però no tenia por. Era com si sabés que aquella lluita no el portaria enlloc.

—Bon jan —va dir la Mar—, saps que ja et tinc, oi?

El semental va sacsejar fort el cap desafiant i va estirar la corda una vegada més per a comprovar les seves limitacions. Aleshores va deixar de lluitar contra el pes de la Neu i va calmar-se. El cos li tremolava, però gairebé semblava resignat a la captura.

—Àlvar! —va cridar la Mar—. Ja el tinc! Porta el ronsal!

L'Àlvar va muntar sobre el Diable amb el ronsal a la mà. Anava directament cap al semental, però després va pensar que seria millor donar el ronsal a la Mar.

—Confia en tu i en la Neu més que no pas en mi. Fes-ho tu! —li va dir l'Àlvar.

La Mar va fer que sí amb el cap i va avançar la Neu mentre alçava la corda que portava a la mà. Quan finalment va arribar al semental, va aconseguir fer-li lliscar el ronsal pel cap ràpidament.

—Tranquil, noi, tot va bé —va dir la Mar, que parlava amb veu suau al cavall mentre lligava al ronsal la corda que duia al voltant del coll—. Ja està. El tenim. No m'ho puc creure —va dir somrient a l'Àlvar, que ho havia estat observant tot.

—Jo sí que no m'ho puc creure! —va exclamar l'Àlvar negant amb el cap—. Caram, caram... ets increïble, Marcel·la Castany.

La Mar va mirar el cavall negre, que ara era al seu costat, molt tranquil.

—Has vist això, Àlvar? És molt intel·ligent. S'ha tranquil·litzat de seguida que ha vist que no podia fer res per a escapar-se.

L'Àlvar va assentir.

—És un cavall elegant —després va somriure a la Mar—. Em sembla que ha ajudat molt que s'hagi enamorat de la teva euga.

—I tant! —va dir la Mar—. Se'l veu feliç quan està amb la Neu, oi? Valdrà més que el portem cap a casa. Pots muntar el Diable i portar la Britney?

—I tant! —va dir l'Àlvar movent el cap—. El que tu diguis, noia que xiuxiueja als cavalls! Portem-lo a casa.

Quan van arribar a la carretera de la costa, la Mar va prendre la iniciativa amb la Neu, i el semental va anar trotant al seu costat. La Mar va començar a pensar que l'Àlvar tenia raó. Potser el semental s'havia enamorat de la Neu. Trotava amb energia al seu costat, amb el cap i la cua drets.

—Té un trot molt bonic, oi? —va dir a l'Àlvar tombant el cap per a mirar-lo; l'Àlvar anava a uns metres de distància per darrere d'ella, i mantenia ben allunyats del semental el Diable i la Britney perquè no s'espantés.

L'Àlvar va afirmar movent enèrgicament el cap.

—Passes flotants. Una sang calenta clàssica..., com el Napoleó. Ja veuràs quan el vegi la Sandra. Estic desitjant veure quina cara hi fa.

L'expressió de la cara de la Sandra quan van arribar no va ser exactament la que ells s'havien imaginat. En comptes del somriure de felicitat que ells s'esperaven, la Sandra va quedar-se pàl·lida. Els ulls se li van inundar de llàgrimes quan va arribar al costat de la Mar. Va mirar-se el cavall negre i va quedar-se molt quieta durant un moment. Quan finalment va poder parlar, tenia la veu tremolosa.

—Sabeu una cosa? —va dir—. Quan us he vist venir pel camí de l'entrada m'estava semblant que veia un fantasma. És la viva imatge del meu estimat Napoleó.

La Sandra va fer un pas endavant, va estirar una mà i va agafar la corda de guia que portava la Mar per a deslligar-la de la sella. Mentre la Mar i l'Àlvar observaven, ella va xiuxiuejar i va fer petar la llengua amb suavitat al gran cavall negre. El semental va fer un pas cap a ella i la Mar va quedar-se molt sorpresa per la naturalitat del tracte entre la seva tieta i el cavall. En un moment li estava acaronant el nas i passant-li les mans pel coll i el llom.

—Tranquil, preciós —va xiuxiuejar—, tu no ets salvatge, oi? D'on ets? —la Sandra va mirar la Mar i va somriure—. Quina traça que teniu agafant cavalls salvatges! Per descomptat la teva mare em mataria, Marcel·la, si sabés que t'he deixat sortir a caçar un cavall salvatge. Però és meravellós, i tens raó, no ho he dubtat gens ni mica quan l'he vist. És fill del Napoleó. L'heu portat a casa seva. Venir a la granja era el seu destí.

—Destí! És perfecte —va exclamar la Mar—. Tieta, ets una crack! He estat pensant noms per a ell durant tot el camí i cap no m'acabava de convèncer. Aquest és un nom perfecte per a ell. Destí!

La Sandra va tombar-se cap al semental negre.

—Has sentit això, Destí? Tens una nova llar i un nou nom, tot en un dia —va somriure a la Mar i l'Àlvar—. Anem a instal·lar el Destí. Pot quedar-se al camp que hi ha al costat de l'estany, és massa aviat per a establar-lo. A més, es tornaria boig si el deixéssim tan a prop de les eugues! —va puntualitzar.

Tots tres van quedar-se allà observant com el Destí recorria el perímetre del clos que tenia una tanca alta a cada costat. Mentre trotava d'aquí cap allà, va deixar escapar uns quants crits aguts. Després va galopar cap a la tanca, cap a les barres del final del clos. Per un moment va semblar que volia intentar saltar, però en l'últim moment va girar bruscament i va continuar al galop. Després de fer unes quantes voltes al voltant del camp, buscant l'olor dels cavalls que havien estat allà abans, el Destí finalment va tranquil·litzar-se.

Quan la Mar tornava dels estables després de deixar la Neu al box, el semental pasturava pacíficament, com si tota la vida hagués viscut a la granja de l'Aranyó.

La Mar va ajudar l'Àlvar a treure els arreus a la Britney i al Diable i a donar-los menjar; després van anar cap a la casa, on la Sandra estava preparant el sopar.

—Què ens deu estar preparant? —va preguntar la Mar, simpàtica.

—La seva famosa lasanya —va rondinar l'Àlvar.

—No sona pas tan malament —va dir la Mar amb optimisme.

—L'anomeno «famosa lasanya» perquè és famosa per provocar mal de panxa durant tres dies —va dir l'Àlvar amb un ample somriure.

Mentre buscaven la millor manera de mastegar la lasanya que tenien als plats, la Sandra va interrogar-los sobre com s'ho havien fet per a atrapar el Destí. Quan la Mar va explicar-li allò del truc d'especialista, la Sandra va fer un crit de satisfacció.

—M'alegro tant que els meus trucs puguin servir en la vida real! —va exclamar somrient amb orgull.

—Tieta —va dir la Mar mentre abaixava els coberts i deixava d'intentar tallar la crosta de la lasanya—, vull parlar amb tu sobre l'eliminació selectiva.

A la taula va fer-se un silenci absolut.

—Marcel·la, sé com et sents... —va començar a dir la seva tieta.

Però la Mar va tallar-la abans que continués parlant.

—Tieta Sandra, tu sents el mateix que jo. Ho sé! Hem d'aturar això!

La Sandra va moure el cap.

—No es pot aturar, bonica. Creus que jo no ho he intentat ja? El meu grup, Salvar els Ponis Aranyó, ha estat lluitant contra en Camil durant anys. Hem guanyat diverses batalles legals, però la Fundació per a la Conservació s'enfila per les parets pels danys que fan els ponis a l'ecosistema. Han fet els seus deures i tots els papers. Van portar-ho al tribunal suprem i s'ha decretat que els ponis han de desaparèixer. En Camil és un bon home, ens ha donat segones oportunitats i hem exhaurit totes les possibilitats. No sé què més podem fer-hi.

La Mar era a punt de contestar quan va sentir la veu de l'Àlvar al seu costat:

—Podem agafar-los nosaltres.

—Què?

—A la Fundació per a la Conservació no li importa el que els passi als cavalls sempre que estiguin fora d'aquestes terres, oi? —va dir l'Àlvar arronsant les espatlles—. Aleshores l'únic que hem de fer és agafar-los.

—Tot això està molt bé, Àlvar, però en Camil i els seus homes ja ho han intentat —va replicar la Sandra sospirant—. És gairebé impossible reunir aquests ponis i tu ho saps.

—Potser en Camil i els seus homes no poden, però nosaltres no ho hem intentat mai, oi? —va insistir l'Àlvar.

—Bé —va dir la Sandra reflexionant sobre allò—, i què passaria si els agaféssim? Què en faríem? No podem tenir trenta cavalls més en aquesta granja! A més, són cavalls salvatges... estan sense domar.

—Ja ho tinc! —va dir la Mar, de sobte—. Acabo de tenir una idea. Tieta Sandra! Ho podem fer. Sé d'algú que pot ajudar-nos. Anem a salvar els cavalls! No només el Destí... sinó tots els altres també!

Aquella nit, al voltant de la taula de la cuina, la Mar va exposar el seu pla a la Sandra i a l'Àlvar. Després de parlar durant una bona estona, tots tres van estar d'acord que podria funcionar. Tot seguit van fer unes quantes trucades telefòniques, van ultimar els detalls del pla i van preparar habitacions i llits amb roba neta. Havien d'estar preparats: l'endemà arribaria la cavalleria.

CAPÍTOL 10

La Mar va mirar amb preocupació el seu rellotge sense poder creure-s'ho. Ja era gairebé migdia.

—Se suposa que ja haurien de ser aquí. Per què no han arribat encara? —es queixava a l'Àlvar.

Estaven asseguts junts al sofà de la terrassa del pis de dalt que donava al prat dels cirerers.

—Mar, calma't —va dir l'Àlvar amb amabilitat—, van dir que arribarien a l'hora de dinar i encara no ho...

—Són allà! —de sobte la Mar va aixecar-se d'un salt i va deixar l'Àlvar amb la frase a mitges per a entrar corrents a casa i baixar per les escales.

L'Àlvar va sentir les petjades frenètiques de la Mar a les escales. Va sentir com obria la porta principal, com la tancava de nou d'un cop fort i com sortia precipitadament a fora. Pel camí d'entrada llarg i frondós baixava un tot terreny de color verd fosc. La Mar va saludar amb la mà i va fer gestos perquè fes la volta al prat i aparqués gairebé davant la porta principal de la casa pairal de l'Aranyó. Els pneumàtics van aixecar pols en aturar-se. La porta del conductor va obrir-se i va sortir-ne en Tomàs Ardit.

—Bé, Marcel·la, no m'esperava això. És una finca enorme! —va dir en Tomàs mirant al voltant.

—Tomàs! —va dir la Mar, somrient—. Moltes gràcies per venir...

Va interrompre-la el soroll que van fer les altres portes del tot terreny en obrir-se.

—Mar! —va saludar l'Estel rient i saltant des del seient de l'acompanyant per a anar a fer una abraçada a la seva millor amiga.

—Déu meu, és genial ser aquí! —va cridar la Cris mentre saltava del seient del darrere i corria a reunir-se amb les seves amigues. En Biel i en Dani també van sortir del cotxe, estirant-se i movent els braços i les cames.

—M'agafen rampes després d'un viatge tan llarg. Hem sortit que encara era de nit per poder arribar fins aquí —va queixar-se en Biel.

—Biel, prou de queixar-te! —va renyar-lo en Dani—. Has vingut dormint gairebé tot el camí. Roncava a sobre la meva espatlla.

—Hola, nois! —va saludar-los la Mar amb un somriure radiant—. Gràcies per venir. Us ho agraeixo de veritat.

En aquell moment va sentir-se un udol sobtat i un cor de lladrucs quan la Sira, el Tsar i el Tristany van anunciar oficialment l'arribada dels nous convidats. Els tres gossos van sortir corrent per la porta principal per a saludar-los a tots, seguits per la Sandra i l'Àlvar.

—Tieta Sandra! Vine a conèixer els meus amics. Aquests són l'Estel, la Cris, en Dani i en Biel —la Mar va començar així les presentacions—. I ell és el meu instructor d'equitació, en Tomàs Ardit.

—Benvinguts a la granja de l'Aranyó! —va dir la Sandra, radiant—. Encantada de conèixer-te, Tomàs. La Marcel·la m'ha parlat molt de tu. Bé, jo et veia muntar per la tele. Una vegada et vaig veure fer una ronda sense penalització a la prova de camp a través de Burghley sobre un enorme castrat fosc...

—Fortuna? —va dir en Tomàs—. Era un cavall fabulós. Mai no s'aturava davant un obstacle. El muntava emmordassat i tot i així era impossible aturar-lo.

—Ups! —va exclamar la Mar, veient l'Àlvar callat darrere la seva tieta—. No he acabat amb les presentacions. Ell és l'Àlvar. Àlvar, aquests són en Tomàs, l'Estel, la Cris, en Biel i en Dani.

—Hola... —va dir l'Àlvar sortint de darrere la Sandra i saludant tímidament amb la mà.

—Hola, Àlvar! —van contestar tots.

L'Estel, que es preguntava com devia ser l'Àlvar, va inclinar-se cap a la Mar i va xiuxiuejar-li a l'orella:

—És ell? Mar, ho sabia! És guapíssim! —la Mar va clavar un cop de colze a l'Estel—. Va! No pots negar-ho! —va dir l'Estel. La Mar va mirar-la amb ràbia desitjant que l'Estel callés.

—L'Àlvar va ajudar-me a atrapar el Destí —va explicar la Mar, vigilant l'Estel mentre parlava. Temia que la seva amiga digués alguna cosa fora de lloc. Se sentiria molt avergonyida si l'Àlvar pensés que a ella li agradava o alguna cosa semblant.

—Em moro per veure'l! —va dir la Cris—. Mai no he vist un semental. Segur que deu ser preciós.

—Us ensenyaré les vostres habitacions primer i després podreu anar a conèixer els cavalls —va dir la Sandra, somrient alegrament—. Entreu..., ho tenim tot preparat.

Mentre l'Àlvar ensenyava les habitacions a en Tomàs i els nois, la Mar va portar l'Estel i la Cris a fer una volta per la casa pairal de l'Aranyó, i va ensenyar-los les enormes sales de ball del pis de baix, el gran menjador i la sala de billar amb panells de fusta.

—Així deu ser la casa d'una princesa! —va exclamar l'Estel mentre tocava les brillants plomes verdes d'un dels faisans dissecats i mirava amb atenció els quadres de curses de cavalls que penjaven de les parets.

—És l'habitació més bonica que he vist mai —va dir la Cris mentre feia un cop d'ull al voltant i observava els sostres decorats dels quals penjaven llums de vidre.

—Que bé que estigueu aquí! Encara no m'ho crec! —va dir la Mar a les seves amigues—. Em sap greu haver-vos fet venir tan de sobte. Sé que esteu practicant i tot això...

—Però què dius! Ets boja! Estàvem desitjant sortir d'allà —va confessar l'Estel—, la Natàlia ens feia tornar boges. Ens guanyava amb diferència amb el nou cavall que té. Això és acceptable, però el que indigna és que després de cada competició repassava amb un retolador fluorescent el nom del guanyador al taulell de la sala del club i també les puntuacions perquè tothom pogués veure que ella guanyava, i...

—Va, treu-t'ho del cap, Estel! Ara estem juntes aquí! —va interrompre-la la Cris perquè callés.

—Som-hi —va dir-los la Mar—, podeu desfer les maletes després. Anem als estables. No puc esperar més. Heu de conèixer el Destí.

En Dani, en Biel i en Tomàs ja feia una estona que eren als estables quan van arribar les noies. Miraven per sobre la tanca com pasturava el Destí i després es posava a rondar. Amb tanta expectació, el Destí va deixar d'anar al trot i va començar a anar a mig galop, sacsejant el cap mentre feia voltes pel perímetre del clos.

—Què et sembla, Tomàs? —va preguntar-li la Mar.

—Fa unes passes excel·lents —va dir en Tomàs—. La Sandra deu tenir raó de dir que és parent del Napoleó. Aquest cavall es mou com un sang calenta autèntic. No té cap marca?

La Mar va fer que no amb el cap.

—No, no hi ha cap marca. La meva tieta pensa que el Napoleó, en alguna de les seves escapades, va criar amb un poni aranyó.

—Pot ser... —va comentar en Tomàs, pensatiu—, però tu dius que no és tan salvatge com els altres.

—Va deixar-me que li posés el ronsal i que el portés fins a la granja —va respondre la Mar.

—No té gaire sentit —va dir en Tomàs—. Un cavall com aquest, en estat salvatge. Com va arribar allà?

El Destí va parar d'anar a mig galop en aquell moment i va quedar-se a l'extrem del tancat més proper als estables. Va deixar escapar un renill fort i agut i un moment després un cavall va respondre la seva crida.

—És la Neu! —va dir la Mar, somrient—. Val més que vagi a veure com està, després anirem a veure els cavalls.

—Avui és dimecres i l'eliminació selectiva està prevista per al divendres. És massa tard per a sortir a cavall avui, per tant només ens queda demà per a reunir el grup —va explicar la Sandra mentre caminaven plegats cap als estables—. Hem pensat que si us assignem ara un cavall a cadascun de vosaltres, podreu estar preparats per a sortir a primera hora del matí.

La Mar va treure un tros de paper arrugat de la butxaca.

—A veure! —va dir—. Aquesta és la llista dels cavalls i els genets per a demà. Jo aniré amb la Neu, és clar, i l'Àlvar amb el Diable..., és el cavall clapat de l'últim box. L'Estel i la Cris..., vosaltres anireu amb la Britney i la Madonna..., les eugues palomino bessones. En Biel anirà amb l'Escocès..., que és el cavall pinto del box de l'esquerra. En Dani muntarà el Tornado, el castrat fosc de l'últim box. És el que acostuma a muntar la tieta Sandra... —la Mar va mirar més avall en la llista—. I en Tomàs anirà amb el Tità —va concloure la Mar amb picardia—. Em sembla que valdria més que el veiessis abans.

La Mar va fer l'ullet a l'Estel i als altres mentre caminava amb en Tomàs cap al primer box de la fila. Tots van col·locar-se al voltant mentre en Tomàs obria la part superior de la porta. Va quedar-se una mica sorprès.

—No entenc res. Aquí no hi ha cap cavall —va dir.

—Sí que n'hi ha un! —va riure la Mar. Va obrir la part inferior de la porta i allà estava el petit Tità amb els seus 90 cm d'alçada, mirant amunt per a veure'ls per sota l'enorme i espès serrell marró.

Tots van posar-se a riure mentre en Tomàs subjectava el poni en miniatura i l'observava. El Tità era tan petit, que amb prou feines li arribava als malucs. Tots van riure encara més fort.

—Em sembla que hauries de buscar-me una altra muntura una mica més gran, Marcel·la —va dir en Tomàs, intentant mantenir-se seriós.

—Tinc just el que necessites a la porta del costat —va respondre la Mar—. Pots muntar el Teo.

Si els genets havien rigut molt amb el petit poni, ara xiulaven i cridaven mentre contemplaven l'enorme cavall d'1,80 metres d'alçada que hi havia al costat del poni en miniatura.

—No en tens cap que estigui entre aquests dos? —va preguntar-li en Tomàs.

—La veritat és que no. No feia broma. Esperava que muntessis el Teo —va dir la Mar—. Sé que és enorme, però la tieta Sandra diu que està molt ben educat.

—Bé, la veritat és que no penso muntar el Tità; per tant, suposo que no tinc elecció, oi? —va dir en Tomàs somrient.

Després de donar el menjar als cavalls i de deixar a punt els arreus per a l'endemà, van tancar amb clau els estables i van tornar a la casa de l'Aranyó. Després de sopar, els genets van estudiar el mapa de la finca mentre la Sandra els donava tots els detalls de la imminent eliminació selectiva.

—En Camil està reunint el seu equip ara. El divendres és el dia D —va anunciar la Sandra molt seriosa—. Això no ens dóna gaire marge... I després, per descomptat, una vegada tinguem el grup, tindrem un problema encara més gran. Què redimonis en farem?

—Aquí és on entres tu, Tomàs —va dir la Mar—. Quan la meva tieta em va dir que aquests cavalls eren salvatges i no tenien on anar, de sobte vaig adonar-me que tenia la solució. Tu treballes per a la Lliga Internacional per a la Protecció del Cavall. Pots endur-te els cavalls salvatges i trobar-los una nova llar..., una bona llar on en tinguin cura uns amos que se'ls estimin de veritat. Podràs fer-ho, oi?

En Tomàs estava seriós.

—El que em demanes no és una feina fàcil, Marcel·la. La teva tieta té raó..., aquests ponis han nascut i s'han criat salvatges, i no serà fàcil domesticar-los. Donaran molta feina a qualsevol genet inexpert —en Tomàs va veure que la Mar s'entristia en sentir el que deia—. No he dit que no es pugui fer..., només que no serà gens fàcil. Per descomptat que la Lliga Internacional es farà càrrec d'aquests cavalls. M'he posat en contacte amb alguns d'ells i ho he organitzat tot. Portarem els ponis als camps de la Lliga Internacional després de reunir-los. Allà en tindrem cura i els donarem menjar, els domarem i els ensenyarem el més bàsic abans de trobar-los una nova llar.

Tots els amos potencials hauran de passar uns controls abans que puguin endur-se un poni aranyó, per descomptat. Són uns animals molt especials... Pots estar segura que els tindrem vigilats un cop els trobem amo.

—Gràcies, Tomàs —va dir la Mar, somrient—, són uns ponis realment especials, ja ho veuràs.

—Hauríem d'anar a dormir d'hora —va aconsellar l'Àlvar mentre anava cap a la porta de casa seva—, hem d'estar preparats per a sortir a les set del matí, quan ja hi hagi prou llum per a muntar.

—Qui l'ha nomenat cap? —va murmurar en Dani quan l'Àlvar va marxar.

—L'Àlvar és l'encarregat de la granja. És un genet que coneix uns trucs molt bons i sap el que es fa —va respondre-li la Mar.

—Ja ho veig, però no és gaire més gran que nosaltres i espero que no ens vulgui donar ordres —va rondinar en Dani—. Bé, bona nit. Me'n vaig a dormir.

—Què li passa? —va preguntar la Mar a en Biel.

En Biel va posar els ulls en blanc.

—Au, Mar! Pensa una mica. Potser és gelosia? No has parat de dir que si l'Àlvar això, que si l'Àlvar allò altre, des que hem arribat.

La Mar va quedar-se sorpresa.

—No sé de què em parles!

—Sí, bé —va dir en Biel—, val més que jo també me'n vagi a dormir. Demà ens espera un dia dur.

«En Dani està gelós de l'Àlvar?», va pensar la Mar.

—I tant que sí! —va dir rient l'Estel quan la Mar va preguntar-li-ho. Les noies estaven assegudes al llit amb dosser de la Mar prenent xocolata calenta amb pa de pessic abans d'anar-se'n a dormir.

—Jo també estaria gelosa —va dir la Cris—. És que l'Àlvar és tan guai... Has vist com li cauen els cabells per sobre els ulls? Com pot veure-hi així?

La Mar va somriure en sentir allò. S'havia fixat en els cabells de l'Àlvar. Li quedaven molt bé els cabells per la cara, que li amagaven els preciosos ulls blaus.

—Però això no vol dir que ell m'agradi o res per l'estil —va protestar.

—Mar! No t'has adonat que sempre és a prop teu?

—És perquè treballa aquí, Estel —va sospirar la Mar—. De qualsevol manera, se suposa que hem d'anar a dormir d'hora... —va començar a dir la Mar, però després va dubtar, va saltar del llit i va anar corrents cap a la finestra.

—Mar, què fas...? —va començar a dir l'Estel, però la Mar la va fer callar.

—Escolteu! —va dir la Mar—. Heu sentit aquest soroll?

Les tres noies van quedar-se immòbils i en silenci durant un moment. No se sentia res. L'aire de la nit era molt tranquil. Però, de sobte, just quan la Mar començava a pensar que s'ho havia imaginat, va sentir aquell so una altra vegada. Era allà! Fins i tot se sentia més fort. Un profund so sord, com el miol d'un gat enorme.

Les noies van contenir la respiració. De nou va fer-se el silenci durant un moment i després el miol del felí va deixar sentir-se una altra vegada. La Mar va notar que se li eriçava el pèl del clatell. El grunyit se sentia més a prop. L'animal era allà fora.

—Déu meu! —va exclamar l'Estel. El seu rostre estava molt pàl·lid i tenia els ulls molt oberts de tanta por—. Què és això?

—Això —va dir la Mar— és el *grimalkin.*

CAPÍTOL 11

Era massa per a una nit en la qual calia anar a dormir d'hora. Armades amb una llanterna, les noies havien sortit corrents a fora a la recerca del *grimalkin* i ara estaven arraulides al porxo de darrere la casa.

—Afanya't, Estel! —va xiuxiuejar la Mar.

—Estic intentant que funcioni... Bé, ja està!

L'Estel va encendre la llanterna i va il·luminar la foscor. La llum de la llanterna va parpellejar sobre el prat, les magnòlies, l'estany i, de sobte, va il·luminar un parell d'ulls grocs. La Cris va fer un crit i va agafar-se al braç de l'Estel.

Els ulls grocs s'anaven apropant. De les ombres va sorgir un enorme animal negre que semblava disposat a llançar-se sobre elles.

—Espera't un moment...

La Mar va agafar la llanterna a l'Estel i va il·luminar una altra vegada cap a l'animal. Va fer un sospir d'alleujament. No era el *grimalkin.*

—Noies, és el Tsar! —va dir la Mar.

I el Tsar va llançar-se sobre elles movent la cua feliçment.

—Tsar! Ens has clavat un ensurt de mort! —va balbucejar l'Estel.

—No ha estat culpa seva —va defensar-lo la Mar—. El grunyit que hem sentit abans..., estic segura que era del *grimalkin.* Probablement el Tsar també l'ha sentit, i per això és aquí fora.

—Bé, no sembla que hi hagi res més per aquí —va dir la Cris il·luminant amb la llanterna el jardí i inspeccionant-lo una altra vegada.

Però quan el raig de llum va passar una altra vegada pel prat, van veure alguna cosa que es movia i anava cap a elles. Una ombra fosca creuava ràpidament l'herba i anava directament cap a la casa.

—Àlvar! —va cridar la Mar, alleujada.

—Què ha passat? —va preguntar l'Àlvar mentre pujava corrents les escales per a reunir-se amb elles—. Què hi feu aquí fora?

—Hem sentit un soroll —va contestar l'Estel—, semblava el miol d'un gat.

—Jo també l'he sentit —va dir l'Àlvar—. Ja era al llit quan els cavalls de l'estable han començat a inquietar-se. He sortit a veure com estaven i aleshores he sentit alguna cosa. He vingut tan de pressa com he pogut per a assegurar-me que tot està bé per aquí.

—Els cavalls estan bé? —va preguntar la Mar.

L'Àlvar va assentir amb el cap.

—Estan tancats amb clau i no hi ha res als estables. Sigui el que sigui, ha marxat espantat.

—Així que ha marxat? —la veu de l'Estel sonava decebuda—. Tant de bo l'hagués pogut veure!

—No, no t'hauria agradat —va dir la Mar recordant el que el *grimalkin* li havia fet a la pobra Pampa.

—La Mar té raó —va afirmar l'Àlvar—, no t'agradaria trobar-te cara a cara amb aquesta cosa. Hem tingut sort que no hagi fet mal a cap animal aquesta vegada —l'Àlvar va mirar les noies—. Escolteu, deixeu-me la llanterna; agafaré els gossos i faré una última ronda per la casa i pels estables per a assegurar-me que ha marxat. Vosaltres torneu al llit i intenteu dormir una mica.

La Cris va donar la llanterna a l'Àlvar de mala gana, i les tres noies van entrar a la casa.

—M'hauria agradat anar amb l'Àlvar a inspeccionar els camps. M'hauria agradat de veritat veure el *grimalkin* —somicava l'Estel mentre pujava les escales de tornada a les habitacions.

—A mi també —va dir la Cris.

—Noies, això és seriós! —va renyar-les la Mar—. No sabeu què és capaç de fer aquest animal. La nit que va matar la Pampa, el vaig veure a la tanca a la llum de la lluna, caminant per sobre les fustes. I després, quan vaig veure el que havia fet a la Pampa... Va obrir-li el coll... Va ser espantós.

—Creus que és el mateix animal que us va perseguir a tu i a la Neu? —va preguntar l'Estel.

—Sí, i tant! És molt veloç. La Neu anava a tot galop i gairebé que ens atrapa —va dir la Mar.

—Tot aquest assumpte del *grimalkin* em comença a posar la pell de gallina —va dir la Cris mentre sentia un calfred a l'esquena.

Dormir era una bona idea, però no resultava fàcil. La Mar va estar desperta molta estona. Quan per fi va quedar-se adormida, va somniar el Místic. En el seu somni cavalcava amb el petit poni gris a prop del llac Aigües Profundes. Havia començat l'eliminació selectiva i els caçadors seguien el rastre del grup salvatge. Ella buscava la Neu i el Destí, i intentava trobar-los desesperadament.

Va haver-hi un moment de confusió, els cavalls corrien per tot arreu i aleshores, de sobte, va sentir-se un tret. La Mar va veure com un cavall queia a causa del tret de l'arma, i el Místic va començar a galopar cap a l'ombra negra que jeia a terra. El seu cor sabia que l'animal que jeia allà era mort. Però quin cavall era? Resultava difícil veure'l...

—Místic? —va murmurar la Mar—. Místic, què passa?

L'alarma del despertador va treure la Mar del malson, i va incorporar-se al llit amb el cor desbocat. Va quedar-se alleujada en adonar-se que havia estat un somni. El rellotge de la tauleta marcava les 6:30 del matí. La Mar va saltar del llit i va mirar per la finestra. Encara era fosc a fora, però ja es veien els primers raigs de llum de l'albada a l'horitzó. Va posar-se els pantalons de muntar i un jersei, i va baixar a esmorzar. Fos un somni o no, era el dia de reunir el grup i era hora de muntar.

Els genets amb prou feines van parlar en la foscor de l'estable mentre preparaven els cavalls. Una vegada ensellats, l'Àlvar va reunir tot l'equip a prop de la porta.

—Anirem a poc a poc pel turó. No a mig galop... Mantingueu els cavalls al trot —va indicar-los l'Àlvar—. Han d'estar frescos per a després, no els hem de cansar abans d'hora.

—És allà on us va atacar el *grimalkin?* —va xiuxiuejar l'Estel a la Mar mentre mirava el bosc que hi havia al costat del turó—. Estàs segura que ja no és allà? Potser hauríem d'anar per un altre camí, per la carretera de la costa.

La Mar va moure el cap.

—S'arriba molt abans al llac per aquest camí. A més, la segona vegada que va perseguir-me, jo era a la carretera de la costa...

Només acabar va adonar-se que no havia d'haver dit allò. Ningú no sabia que el *grimalkin* l'havia perseguit una segona vegada.

—Què? —l'Estel va mirar la Mar—. T'ha perseguit dues vegades? Com va ser?

La Mar va dubtar.

—Bé..., no estic segura que fos el *grimalkin* aquella vegada. Ja ho saps, jo era allà sola perquè la Neu havia fugit. Probablement només m'estava imaginant coses.

L'Estel va assentir amb el cap.

—Ho devies passar molt malament. Quan vas perdre la Neu, vull dir. Devies estar molt amoïnada. I la pobra Neu..., tota la nit als turons sola!

La Mar va fer que sí i va tombar-se cap al seu cavall, va abraçar-lo pel coll i va acaronar-li la crinera de color mel.

—M'alegro tant que estiguis amb mi una altra vegada... No vull que et passi res mai més. Mai més.

A la Mar va venir-li al cap el somni que havia tingut aquella nit. Després que sonés un tret, havia vist caure a terra un cavall. Havia estat la Neu? Va estar a punt d'explicar el somni a l'Estel, però va canviar d'idea. «Només ha estat un somni —va dir-se—, oblida-ho.»

—Quina euga és la meva? —va xiuxiuejar l'Estel a la Mar—. És la Britney o la Madonna? Com pots distingir-les? Jo no puc...

—Hola! Em sentiu els de darrere? —va dir en Tomàs cridant l'atenció de l'Estel—. Perquè l'Àlvar començarà a explicar el pla per a reunir els cavalls abans de marxar.

L'Àlvar va treure's uns fulls de paper de la butxaca i va començar a passar-los a cadascun dels genets.

—És un mapa de la granja de l'Aranyó —va explicar—. S'ha vist el grup de ponis al llac Aigües Profundes dues vegades, per això és el millor lloc per a començar. Els seguirem la pista des d'allà i després tornarem a la casa de l'Aranyó per la carretera de la costa. Nosaltres només som set i ells, trenta, per tant haurem de dispersar-nos molt darrere d'ells per a mantenir el grup en moviment.

—I si no els trobem? —va preguntar la Cris.

—Avui és dijous. Demà començarà l'eliminació selectiva. Hem de trobar-los com sigui —va contestar l'Àlvar.

Cavalls i genets van posar-se en marxa al trot pel camí del turó. L'Estel i la Cris cavalcaven l'una al costat de l'altra sobre els dos palominos gairebé idèntics. L'Àlvar anava davant amb el Diable, i en Tomàs anava al seu costat sobre l'enorme Clydesdale, el Teo.

Quan tots els cavalls van agafar el ritme, la Mar va sentir soroll de cascs al darrere, va tombar-se i va veure en Dani a sobre el Tornado, que s'acostava cap a ella.

—Hola! —va saludar-la ell sentint-se una mica incòmode.

—Hola —va respondre la Mar.

—Bé..., això és genial, oi?

Cavalcar per a anar a reunir cavalls salvatges. Aquestes coses no les fem al Poni Club —va dir en Dani.

—Sí —va dir la Mar—. Gràcies per venir a ajudar-nos.

—És un plaer —va dir en Dani fent una pausa durant un moment, i després va afegir—. Quan vaig saber que havies marxat a casa de la teva tieta vaig pensar que no et veuria durant totes les vacances d'estiu...

—Bé, potser sí, però ens hauríem vist una altra vegada quan hagués tornat al club —va dir la Mar.

—Ja ho sé, però... —en Dani va perdre el fil de la frase. Després va tornar a parlar—. Escolta, Mar, puc preguntar-te una cosa?

—Sí, i tant —va respondre la Mar.

—L'Àlvar és el teu xicot?

La Mar va notar que el cor li començava a bategar amb força. Va mirar en Dani. Era veritat el que havien dit en Biel i l'Estel? En Dani estava gelós de l'Àlvar?

—Em sembla que no... Vull dir..., no. No, és clar que no —va quequejar la Mar.

A la cara d'en Dani va aparèixer un gran somriure.

—D'acord —i dient això, va fer petar la llengua al seu cavall i va anar a mig galop fins a atrapar en Biel.

La Mar va sentir-se confusa durant la resta del passeig cap al llac. Encara estava perplexa per allò que li havia dit en Dani quan els genets van arribar al turó verd que portava fins al llac Aigües Profundes. La Mar va sentir una gran frustració. Els cavalls no eren allà.

—Genial, adéu al pla A! —va dir l'Estel mentre tots miraven el llac—. On anem des d'aquí?

—Farem la volta al llac i anirem per la carretera de la costa cap al final, a la cala del Pastor —va dir l'Àlvar mentre començava a baixar cap al llac amb el Diable—. Per aquí! —va manar mirant enrere cap als altres, que van començar a seguir-lo.

—Això s'està convertint en una partida de fet i amagar amb cavalls salvatges —va dir en Biel. Després va tombar-se cap als altres i va riure la seva broma. L'Estel, la Cris i la Mar van queixar-se.

No hi havia ni rastre del grup mentre anaven cap a la cala del Pastor.

—Sabeu una cosa? Això és com buscar una agulla en un paller —va protestar malhumorat en Dani mentre arribaven al cim del turó. A sota d'ells hi havia la cala del Pastor, una diminuta platja entre dos pronunciats penya-segats. La sorra era blanca, el mar, d'un blau brillant, i hi havia herba molt verda per als cavalls i arbres amb branques baixes a prop de la platja, on es podien lligar els ponis a l'ombra.

—Farem un descans aquí per a menjar —va dir l'Àlvar mentre baixava pel turó amb el Diable.

—Pensava que el que anàvem a fer era reunir cavalls, no un pícnic —va queixar-se en Dani, que anava darrere d'ell.

Els genets van desmuntar després de baixar a la cala i van afluixar les cingles dels cavalls.

—Després de menjar, tornarem a la casa de l'Aranyó per la carretera de la costa —va dir l'Àlvar—. Si seguim la carretera, tindrem una bona vista. Pot ser que els veiem des d'allà...

—I si no els veiem? —va interrompre'l en Dani.

—Aleshores continuarem buscant —va contestar l'Àlvar arronsant les espatlles.

—No em sembla gaire bon pla —va dir en Dani.

—En tens un de millor? —va respondre l'Àlvar, una mica molest.

—Ep, vosaltres dos —va intervenir la Mar.

—No he estat jo... —va començar a dir en Dani.

—No. Vull dir que escolteu —va respondre la Mar—. Calleu i escolteu!

Els genets van adonar-se del que volia dir. Van callar i van quedar-se asseguts allà, en silenci, durant un moment.

—Sentiu això? —va preguntar la Mar.

—Sí! —va exclamar l'Estel.

—Sentir què? —va preguntar en Dani.

—Cascs de cavalls —van respondre les noies.

Tots van acabar sentint-los perquè el so era cada vegada més fort i proper. S'acostaven.

—Sembla que no haurem de trobar els ponis salvatges —va dir la Mar—. Ells ens han trobat a nosaltres!

CAPÍTOL 12

Quan el so dels cascs va sentir-se més a prop, els genets van posar-se en acció.

—Estan baixant cap a la cala —va dir l'Àlvar aixecant-se d'un salt i començant a estrènyer la cingla del Diable—. Podem acorralar-los aquí i després portar-los a casa. —Tot seguit va tombar-se cap a en Tomàs.— Vostè i les noies pujaran pel turó amb els cavalls i podran amagar-se entre els arbres i després envoltar el grup per darrere per a atrapar-los a la cala. Jo em quedaré aquí amb els nois, i un cop els haguem atrapat, intentarem reunir-los i pujar pel turó de nou.

—Hi ha alguna altra sortida a la cala? —va preguntar en Tomàs.

L'Àlvar va negar amb el cap.

—La carretera de la costa és l'única entrada i sortida. Si baixen aquí, estaran atrapats.

En Tomàs va posar-se al capdavant amb el Teo mentre els cavalls pujaven galopant pel turó. La Mar estava sorpresa per com podia moure's de ràpid l'enorme cavall de tir. Cada gambada que feia el Clydesdale obligava la Mar i els altres a galopar amb força per a atrapar-lo. Eren a mig camí quan en Tomàs va conduir-les fins a un enorme arbre caigut que bloquejava un costat de la carretera. L'instructor va fer aturar el seu cavall.

—Aquest és el millor lloc per a col·locar-nos i esperar. Podem fer servir aquest arbre que bloqueja la carretera per a amagar els cavalls —va dir en Tomàs—. Aquests arbres ens donaran prou cobertura. Ens amagarem darrere d'ells, esperarem que passi el grup i sortirem a bloquejar la carretera..., els tindrem atrapats.

Per desgràcia, la clariana que hi havia darrere els arbres no era prou gran per a quatre cavalls, especialment si un d'ells era un Clydesdale d'1,80 metres.

—Ep! Mou-te una mica! No tinc lloc! —va queixar-se l'Estel.

—Ho estic intentant! —va protestar la Mar.

—Limiteu-vos a aconseguir que els cavalls no estiguin a la vista, i calleu! —va manar en Tomàs, que havia amagat el Teo darrere l'arbre més gros. Però el cavall ocupava tant d'espai, que la gropa li sortia per un costat i el coll per l'altre.

—Això és desesperant —va tornar a queixar-se l'Estel.

—No et queixis tant. Queda't quieta i callada fins que hagi passat el grup —va xiuxiuejar en Tomàs.

Els genets van procurar mantenir tranquils els cavalls mentre el so dels cascs els ressonava a les orelles. La Mar va contenir la respiració quan va veure el primer cavall, l'euga baia, que entrava a la cala pel cim del turó. Mantenia ben agafades les regnes de la Neu, aconseguint d'aquesta manera que el seu poni romangués completament quiet mentre l'euga passava al galop sense fixar-se en els genets que hi havia darrere els arbres. La resta del grup seguia l'euga cap a la cala. La Mar va veure passar les figures dels ponis. Allà era l'euga pinto castanya amb el poltre igual que ella, passant tots dos al galop.

—Déu meu! Mireu aquells poltres! No és el més bonic que heu vist en la vida? —va sospirar l'Estel.

—M'agrada el negre —va dir la Cris.

—De veritat? Em sembla que el castany i blanc és més bonic. Mira-li la cara, amb aquesta taca blanca, i la crinera blanca i castanya, que sembla de peluix...

—Noies! Concentreu-vos. Tenim feina per a fer —va rondinar en Tomàs—. És el grup sencer? —va preguntar mirant-se la Mar.

—Em sembla que sí —va contestar la Mar assentint amb el cap.

—Aleshores som-hi, estenguem-nos per a cobrir la carretera. Hem de bloquejar la sortida de la cala —va manar en Tomàs.

Els genets van començar a sortir des de darrere els arbres i en Tomàs va guiar-los fins a la següent posició a l'arbre caigut.

—Mar! Pots veure què passa allà baix? —va preguntar l'Estel—. Jo no veig res des d'on sóc.

La Mar va mirar avall.

—S'han aturat —va xiuxiuejar—. S'estan acomodant i pasturen a l'herba. Em sembla que veig l'Àlvar i el Diable..., s'hi estan apropant.

—Ja no puc més! —va dir l'Estel. Va posar la Britney a mig galop i va abandonar la seva posició per a unir-se a la Mar i poder veure què estava passant—. No! —va cridar—. Han vist l'Àlvar. Se'n van! Tornen cap aquí!

Van aixecar-se núvols de pols al camí de terra quan el grup va començar a pujar de nou pel turó. Els ponis corrien a tot galop, amb els ulls plens de por. Anaven directament cap a la Mar i els altres.

—Torna a la teva posició, Estel! —va cridar alarmat en Tomàs.

—No és bona idea, Tomàs, es mouen molt de pressa. Ens trepitjaran! —va cridar la Cris.

En Tomàs va fer que no amb el cap.

—No. L'únic que s'ha de fer és no moure's del lloc. S'aturaran —va dir ell.

La Mar intentava no moure's del lloc, però a mesura que s'acostaven els cavalls, la Neu començava a inquietar-se cada vegada més. Va subjectar bé les regnes per a poder mantenir-la quieta.

—Tranquil·la, bonica. Estigues tranquil·la. Passaran de seguida. D'aquí a un moment..., t'ho prometo —va dir la Mar agafant aire.

—Tomàs? —la veu de l'Estel era tensa—. Tomàs, no s'aturaran...

—Confia en mi, Estel. Queda't on ets —va dir en Tomàs.

Ell s'havia col·locat amb el Teo al mig de la carretera, just al costat de l'arbre caigut. El Teo estava de través, de manera que el seu gran volum gairebé ocupava el costat dret de la carretera, tallant-la per complet. L'arbre caigut bloquejava la carretera pel costat esquerre... Les arrels de l'arbre estaven ben agafades encara al talús del penya-segat. L'única sortida que tenien els cavalls era per la dreta d'en Tomàs i el Teo, on l'Estel, la Cris i la Mar intentaven de totes les maneres no tenir por mentre maniobraven amb els seus cavalls en l'espai lliure per a formar una barricada.

Els ponis salvatges encara anaven a tot galop amb l'euga negra al capdavant del grup guiant-los.

Aleshores, de sobte, l'euga va disminuir la velocitat i va anar a mig galop. Semblava que s'adonava que estava acorralada, que el seu camí cap a la llibertat estava bloquejat. Rebufant indignada va girar bruscament cap a l'esquerra, on era en Tomàs amb el Teo.

—Farà la volta —va anunciar en Tomàs a les noies—. Ha vist que no hi ha sortida i portarà la resta del grup una altra vegada cap a la cala.

Durant un moment va fer la impressió que la petita poni bai faria exactament això. Després, movent el cap desafiadora, va començar a córrer de nou i va recuperar-se quan va veure l'arbre caigut.

—Vol saltar l'arbre —va cridar l'Estel—. No m'ho puc creure!

Els genets van quedar-se observant, completament atònits, com l'euga baia es disposava a saltar el gran tronc d'arbre que tenia al davant. Com tots els ponis aranyó, no feia més d'1,40 metres d'alçada, mentre que l'arbre era enorme. A la Mar li recordava els obstacles de camp a través de les proves hípiques de Badminton...: feia com a mínim un metre i mig d'alçada i gairebé dos metres d'amplada.

Quan la petita euga va apropar-se a l'obstacle, la Mar no va poder contenir una ganyota de dolor. L'euga era tan diminuta comparada amb l'arbre..., segur que es faria mal. Va haver-hi un moment terrible quan l'euga va saltar a l'aire.

I aleshores la Mar i els altres van observar atònits com passava per sobre amb facilitat, sobrant-li gairebé mig metre, i queia netament a l'altre costat del tronc sense perdre el pas.

—No em puc creure el que acabo de veure —va dir en Tomàs, atònit.

—Mireu! Que ve el següent! —va cridar l'Estel.

Els genets van quedar-se observant impotents com un poni rere l'altre saltaven l'enorme tronc amb facilitat.

—Increïble! —va exclamar en Tomàs.

—No podem aturar-los, Tomàs? —va preguntar la Mar—. S'estan escapant.

—Potser alguns sí —va dir en Tomàs assenyalant els últims del grup—. Les eugues i els poltres. Encara podem aturar-los.

Tenia raó. Els poltres eren massa joves i massa petits per a fer un salt tan gran. I les mares mai no els abandonarien.

—Àlvar! —va cridar la Mar—. Les eugues i els poltres! Agafa les eugues i els poltres!

—Apropeu-vos tots! —va cridar en Tomàs. L'últim del grup acabava de saltar el tronc caigut i només les dues eugues i els poltres s'havien quedat enrere—. Teniu algun ronsal a mà?

—Jo en tinc un! —va dir l'Estel.

—Concentra't en l'euga pinto —va donar instruccions en Tomàs—, si podem agafar la mare, el poltre vindrà amb ella.

—Jo agafaré la grisa! —va dir l'Àlvar—. També tinc un ronsal.

—Els altres mantingueu molt junts els cavalls. Tanqueu per darrere l'Estel i l'Àlvar per a fer una barricada —va manar en Tomàs.

Els genets van moure's lentament mentre l'Estel i l'Àlvar cavalcaven just per darrere d'ells. L'Estel tenia el ronsal a la mà mentre s'apropava a l'euga pinto. Quan ja la tenia a la distància d'un braç, va llançar la corda del ronsal sobre el coll del poni. L'euga pinto va fer un sotrac però no va tirar-se enrere. Tremolava mentre l'Estel assegurava la corda, desmuntava i ràpidament però amb suavitat afluixava el ronsal. Als peus de la seva mare, el poltre castany i blanc tremolava nerviós.

Mentre l'Estel sortia del camí portant l'euga pinto i el poltre, l'Àlvar va apropar-se amb el Diable a l'euga grisa i va estirar una mà per a agafar-li un ble de la crinera del costat de les orelles. Després va inclinar-se sobre ella i va posar-li el ronsal ràpidament.

—Ja la tinc també! —va cridar als altres. Els genets van fer una exclamació d'alegria.

—És increïble! —va exclamar l'Estel, somrient orgullosa mentre lligava la corda del ronsal de l'euga pinto a la seva sella—. Mira, Mar! He agafat un cavall salvatge! Jo! L'he agafat! Oi que és fantàstic?

La Mar va somriure amb orgull i va dir:

—Portem-los a casa!

Mentre els genets portaven les eugues i els poltres per la carretera de la costa cap a la casa pairal, anaven revivint la seva aventura a la cala del Pastor. Els poltres trotaven amb vigor al seu costat, decidits a no separar-se.

Mentre l'Estel i la Cris continuaven amb els seus oooh i aaah sobre els poltres, intentant decidir quin era el més bonic dels dos, la Mar anava l'última del grup, en silenci.

—Et passa res? —va preguntar-li en Tomàs apropant-se a ella amb el Teo.

La Mar va assentir amb el cap.

—Tomàs..., sé que està molt bé que haguem agafat les eugues i els poltres..., però hi ha uns altres vint-i-cinc cavalls en perill encara, i la veritat, crec que el pla no ha funcionat del tot, oi?

En Tomàs va mirar avall per a adreçar-se a la Mar. El Teo era tan alt, que semblava que en Tomàs estigués enfilat en una torre. La Mar va poder veure a la cara d'ell el reflex de les seves preocupacions.

—No. Tens raó. No ha funcionat. Però em sembla que encara que haguéssim aconseguit acorralar aquests cavalls, no hauríem estat capaços de guiar-los durant tot el camí cap a casa la Sandra. És un camí molt llarg. No podríem haver reunit i controlat tots aquests cavalls en una distància tan llarga... —en Tomàs va mirar les eugues i els poltres trotant al costat de l'Àlvar i l'Estel—. Però com a mínim hem salvat aquests, Mar. I això ja és molt, crec.

Ja gairebé estava arribant a la casa i baixaven trotant pel camí de pedra quan una de les eugues, la petita pinto, va renillar. El seu renill va rebre una resposta immediata i encara més forta: el crit agut i penetrant d'un semental que crida les seves eugues.

—És el Destí! —va dir la Mar—. Sap que les seves eugues ara són aquí!

Quan van sentir la crida del semental, les dues eugues van renillar com a resposta. Les seves gambades van fer-se més ràpides quan van sortir del camí per a anar cap al semental.

—Ep! —va cridar l'Estel mentre l'euga pinto estirava la corda de guia arrossegant-la a ella—. Bé, suposo que això és una reunió familiar —va dir rient quan va veure el semental rebufant i trotant al costat de la tanca, emocionat per l'arribada de les eugues.

—Ja sou aquí! —va dir la Sandra sortint dels estables per a saludar-los—. He preparat els estables per a trenta, però quatre està bé per a començar! Àlvar, passa aquestes mares amb els petits al clos que hi ha al costat del Destí. Això és tot el que heu portat a casa?

—Em temo que sí —va dir l'Estel mentre ajudava l'Àlvar a deslligar l'euga pinto i el seu poltre.

—Aquests poltres no semblen ponis aranyó —va observar la Sandra, recorrent amb la vista els dos joves poltres que corrien a mig galop amb les potes tremoloses darrere les seves mares—. Mireu quines potes tan llargues! Em sembla que faran unes passes altes com les del Destí. Fins i tot aquest petit pinto s'assembla al seu pare...

—Creus que el Destí és el seu pare? —va preguntar la Mar a la seva tieta.

—Jo diria que sí —va contestar somrient l'Estel—. Néts del Napoleó. N'estic molt segura.

Mentre els genets observaven, la bonica euga grisa va trotar fins a la tanca i va colpejar-la amb el cap per a saludar el Destí. El semental va córrer cap a ella i quan van tocar-se el nas, ell va rebufar, va aixecar les potes i va córrer impacient d'un costat a l'altre per la tanca mentre l'euga trotava al seu costat per l'altra banda de la tanca.

—Vol estar amb elles. No podem separar la família —va dir a la Sandra mentre observava el semental rebufant al tancat.

—Això mateix! —va exclamar en Tomàs, de sobte.

—Què? El què? —la Mar va mirar sorpresa el seu instructor.

—Aquesta és la resposta —va dir en Tomàs.

—Mmmm... i quina era la pregunta? —la Mar estava confusa.

—Em sembla que sé la manera de capturar la resta de ponis salvatges i portar-los a la granja de l'Aranyó —va dir tombant-se cap a la Mar—. De pressa..., porta la Neu a l'estable i demana a l'Estel que et faci el favor de raspallar-la. No tenim temps ara. Vull que et reuneixis amb mi al corral rodó. I porta la sella, la brida i el casc. Va, Mar.

La Mar va quedar-se paralitzada allà.

—No entenc res, Tomàs. Per a què necessito el meu equipament si deixo la Neu a l'estable? Qui he de muntar?

En Tomàs va mirar-la fixament.

—Marcel·la, ho sento, no m'estic explicant gaire bé, però el temps és fonamental i necessito que confiïs en mi. Ara sé com guiar els ponis salvatges fins a casa. I el Destí i tu sou la clau.

La Mar encara estava confusa.

—Ho sento, Tomàs, encara no ho entenc... —va començar a dir.

—Mira com han reaccionat les eugues quan han vist el Destí —va dir en Tomàs—. Aquests ponis són la seva família, i aquí tenim el cap de la família. El seguiran a qualsevol lloc..., tu els pots dur a qualsevol lloc...

—Vols dir que he de muntar el Destí? —va preguntar la Mar, sorpresa.

En Tomàs va assentir amb el cap.

—Ell confia en tu. No crec que cap altre genet tingués aquesta oportunitat, però si tu el muntes, potser ho aconseguirem a temps. Encara tenim tota la tarda. L'eliminació selectiva no comença fins demà...

—Vols dir que he de domar el Destí? Només en un dia?

—Bé, no en un dia, en una tarda —va dir en Tomàs consultant el rellotge—. De totes maneres, si aquesta és l'única oportunitat que tenim, no estaries disposada a intentar-ho? Mar? Què me'n dius?

La Mar va mirar la seva tieta.

—Tieta Sandra?

La Sandra va assentir amb el cap.

—En Tomàs té raó, Mar. El Destí és el nostre llaç d'unió amb el grup salvatge. Ell confia en tu. A més, tu no peses gaire. El Destí mai no ha portat un genet —la Sandra va fer una pausa—. És la teva oportunitat. La teva mare em matarà si sap que jo sóc darrere de tot això. Probablement em matarà de totes maneres. Però he observat com muntes i crec que pots fer-ho. La qüestió és: tu creus que ho pots fer?

La Mar va mirar el gran semental negre. Encara estava pasturant al costat de la tanca i renillant cap als tancats on hi havia les eugues. La resta del grup encara era allà fora, en algun lloc, i l'endemà els matarien.

—Demanaré a l'Estel que tingui cura de la Neu —va dir la Mar—. Agafaré el meu equipament i vindré de seguida —després va marxar corrents cap als estables.

En Tomàs tenia raó. No hi havia temps per a perdre. El Destí l'estava esperant.

CAPÍTOL 13

La Mar tenia els nervis a l'estómac quan va entrar al corral rodó. Va posar la sella i la brida a terra i va mirar al seu voltant. L'última vegada que va ser allà, l'Àlvar havia intentat ensenyar-li a fer el truc del salt de l'àngel amb la Neu, i ella havia perdut els nervis. Si no va ser prou valenta per a saltar des del llom de la Neu al de la Britney aquell dia, no creia que ara ho pogués ésser per a muntar el Destí. Potser ho havia de deixar en aquell moment..., dir a en Tomàs que no ho podia fer. Ell ho comprendria...

—Estàs nerviosa? —la veu d'en Tomàs la va sobresaltar.

—Sí, força... —va contestar la Mar.

—No has de dubtar a partir d'ara, Marcel·la —va dir en Tomàs—. És molt important que tinguis confiança, que creguis que ho pots fer. La teva muntura sempre notarà la por. I no es poden cometre errors en aquesta pista. És vital que et sentis forta i confiada quan domis el Destí.

—Però, Tomàs, no estic segura de poder fer-ho. És un semental salvatge i no tenim gaire temps...

—Marcel·la, tenim temps de sobres. I tu —va afegir somrient— tens el valor més que suficient. Ara —va continuar dient en Tomàs— t'explicaré els passos abans que l'Àlvar porti el Destí.

—Però, Tomàs —va interrompre'l la Mar—, tu estaràs allà amb mi..., oi?

En Tomàs va negar amb el cap.

—No puc entrar al corral amb tu..., és una cosa que has de fer tu sola, Mar. Has d'establir vincles afectius amb el cavall.

—Això és una bogeria! —va dir la Mar—. No sé domar un cavall salvatge!

—Has estat a les meves classes de doma natural, oi? Bé, doncs pensa que aquesta és l'última classe —va dir en Tomàs. Va assenyalar les grades que envoltaven el corral rodó—. Estaré observant-te des d'allà i et donaré instruccions. Fes exactament el que jo et digui —va dir tornant a mirar la Mar—. Estàs a punt?

La Mar va respirar profundament.

—D'acord, vull dir, sí, Tomàs, de veritat. Estic preparada..., ho aconseguirem!

Mentre en Tomàs li explicava la sessió d'entrenament, la Mar romania asseguda escoltant amb atenció. Intentava concentrar-se en tot el que li deia en Tomàs, però hi havia moltes coses per a aprendre.

—No t'amoïnis —va dir-li en Tomàs mentre la deixava sola a la pista—, et prometo que d'aquí a menys d'una hora estaràs enfilada al llom del Destí i cavalcaràs amb ell.

En Tomàs va sortir del corral i l'Àlvar va entrar amb el Destí. El semental negre estava visiblement espantat en aquell nou entorn. Quan l'Àlvar va acostar-li el Destí, el gran cavall negre va espantar-se de la seva ombra, va aixecar les potes i va sacsejar la corda de guia fins que gairebé la hi arrenca de les mans.

—Tranquil noi —va dir l'Àlvar. La Mar veia els narius inflats i la suor als costats.

«També té por», va pensar la Mar, i en aquell mateix moment els nervis van desaparèixer. Si el Destí estava espantat, aleshores li tocava a ella tenir prou valor per tots dos.

—Pots deixar anar el Destí —va dir en Tomàs a l'Àlvar.

L'Àlvar va assentir amb el cap i va deixar anar la corda de guia del ronsal. El Destí només va trigar un moment a adonar-se que estava lliure, i aleshores va sacsejar el cap desafiant i va començar a córrer a mig galop per la part més allunyada del corral, com si fugís de la Mar i l'Àlvar.

L'Àlvar va apropar-se a la Mar i va passar-li la corda de guia.

—Estaràs bé aquí sola? —va preguntar-li.

—Sí, em sembla que sí —va respondre la Mar.

L'Àlvar va somriure-li.

—Seré a la porta per si em necessites —i dient això, va travessar el terra de sorra i va sortir de la pista..., i tancà la porta darrere seu i deixà la Mar amb el semental.

—Ara ens hem de moure de pressa, Mar —va dir en Tomàs—. Comencem.

La Mar va assentir amb el cap. Després va tombar-se per a mirar de cara el semental, amb les espatlles davant les del cavall, i va buscar mirar-lo directament als ulls. Per un moment el cavall va tornar-li la mirada, desafiant.

—Ara fes servir la corda, Mar —va manar-li en Tomàs des de dalt.

La Mar va mirar avall, la llarga corda de guia que portava a la mà. Va agafar-la fent un llaç i després la va fer volar. La corda va caure a la sorra inútilment, davant d'ella. La Mar notava que començava a posar-se nerviosa. L'Àlvar i en Tomàs l'observaven des de la grada, i ella no tenia ni idea del que estava fent.

—No t'amoïnis. Intenta-ho una altra vegada —va animar-la en Tomàs—. Hauries de llançar-la unes quantes vegades fins que t'acostumis al pes de la corda.

La Mar va recollir la corda, va enrotllar-se-la a la mà i va llançar-la de nou. Aquesta vegada la corda va volar perfectament i va colpejar lleugerament la gropa del Destí. L'animal va renillar sorprès i va començar a trotar al voltant del corral. La corda va caure darrere el semental, i la Mar va estirar-la i va enrotllar-se-la una altra vegada a les mans.

—Així, així. Excel·lent. Una altra vegada —va dir-li en Tomàs.

La Mar va llançar la corda de nou i aquesta vegada el semental va començar a anar a mig galop.

—Molt bé! —va exclamar en Tomàs—. Aquests cops de la corda faran que continuï en moviment. No deixis que s'aturi. El mantindrem corrent durant una estona i molt aviat s'haurà cansat de fer voltes al corral i voldrà aturar-se, la qual cosa significa que s'estarà sotmetent i reconeixerà que tu ets el «cavall alfa», el cap del grup. L'únic que has de fer ara és mantenir-lo en moviment i veure els senyals que t'estic dient.

La Mar va assentir amb el cap a les paraules d'en Tomàs, però no s'atrevia a apartar els ulls del cavall negre per a mirar el seu instructor. En Tomàs li havia dit que en cap moment no deixés de mirar el Destí, ni un sol segon.

El Destí anava a mig galop gràcil, amb el cap alçat i els narius inflats. A la Mar li semblava impossible creure que aquell semental salvatge, orgullós i magnífic, li permetria ser la seva cap. No havia estat ell sempre el cap del grup? Va donar un altre cop amb la corda al Destí per a mantenir el cavall a mig galop, esperant veure el que li havia dit en Tomàs, buscant un senyal.

—Ara! —va dir-li en Tomàs des de la vora de la pista—. Ho veus, Mar?

—Veure què? —va preguntar la Mar, desconcertada.

—T'està escoltant, ha tombat les orelles cap a tu. Ara t'està dedicant atenció —va dir en Tomàs, emocionat—. D'aquí a un moment farà més senyals..., es lleparà els llavis i abaixarà el cap. Aquesta serà la seva manera de dir-te: «accepto que estiguis al capdavant... si us plau, permet-me que pari de córrer ja.»

Quan en Tomàs va dir allò, el cavall negre va començar a fer exactament el que havia dit. Va abaixar el cap i va llepar-se els llavis.

—Ja el tens! —va dir en Tomàs—. Bé, Mar, ara mira a terra, no el miris als ulls. Mira a terra. Fes-ho ara.

La Mar va fer el que en Tomàs li manava. Gairebé immediatament el Destí va deixar de córrer. La Mar va romandre completament immòbil. El semental va fer una passa endavant i després una altra. Va estirar el cap per a ensumar la Mar. Va fer una altra passa. Era tan a prop de la Mar, que gairebé podia tocar-lo.

—No el miris als ulls..., només estira la mà, toca'l amb el palmell de la mà —va indicar en Tomàs.

El semental no va espantar-se quan ella va estirar la mà i va acaronar-li la cara i el coll. Encara estava tranquil i relaxat quan la Mar va acaronar-li les espatlles i la gropa. Semblava que li agradava l'afecte.

—Molt bé, toca-li el llom..., allà és on els agrada fregar-se amb altres cavalls... Ell t'està deixant..., ara ets l'alfa. —La veu d'en Tomàs era tranquil·la i ferma mentre parlava.— Ara tomba't i allunya't d'ell, Mar. Dóna-li l'esquena i allunya't —va dir en Tomàs.

La Mar va posar-se tensa en sentir això. De veritat podia donar-li l'esquena a un cavall salvatge? I si el Destí l'atacava?

—Tot va bé —va dir en Tomàs amb amabilitat—, pots fer-ho. No et farà mal, segur.

La Mar va tombar-se mentre continuava mirant el terra i va donar l'esquena al Destí. Va començar a allunyar-se caminant, i mentre caminava notava com el cavall avançava darrere d'ella.

—No miris enrere —va dir en Tomàs amb fermesa.

—Tomàs! I ara què? M'està seguint? —va xiuxiuejar la Mar.

En Tomàs va riure.

—Molt bé. Ara tu ets el cap. Continua endavant i porta'l de passeig. Ell et seguirà.

La Mar va fer un petit somriure i va començar a caminar al voltant de la pista amb el Destí seguint-la de molt a prop, com un gosset amb corretja..., però aquí no hi havia corretja.

El cavall era ja molt a prop d'ella i li tocava la màniga amb el nas.

—Això és fantàstic! —va somriure la Mar mentre caminava en cercle al voltant de la pista amb el Destí al costat.

—Molt bé, noia alfa. Pots posar-li la sella i la brida ara —va dir en Tomàs—. Em sembla que tens un nou amic.

La Mar no podia creure que haver-se guanyat la confiança del Destí hagués estat tan fàcil. Però l'emoció de convertir-se en «alfa» es va esvair quan va posar la sella de muntar al Destí i ell va començar a retorçar-se sense control.

—No passa res, deixa que es desfogui —va dir en Tomàs a la Mar perquè es tranquil·litzés—. No ha portat mai una sella de muntar. Deixa que s'hi acostumi a la seva manera, i tornarà a tu.

En Tomàs tenia raó una altra vegada. El Destí va calmar-se de seguida i va permetre que la Mar també li col·loqués la brida.

—Molt bé, Àlvar, ja pots tornar —va indicar-li en Tomàs. I l'Àlvar va saltar a la sorra—. Ajuda la Mar a muntar, si us plau.

—Què? —la Mar no s'ho podia creure—. Però si acabo de posar-li la sella! Hem trigat menys d'una hora! No es pot domar un cavall tan de pressa!

—Marcel·la, confies en mi? —va preguntar en Tomàs—.

Aleshores, va. Ell està preparat i tu també ho estaràs. Recorda: ets l'alfa.

—Sóc l'alfa, sóc l'alfa —es repetia la Mar mentre posava el peu a la mà de l'Àlvar i s'enfilava amb cura a la sella de muntar. La Mar va mirar avall. Mai no s'havia enfilat en un cavall tan alt. El Destí era molt més gros que la Neu o que el Místic. Feia gairebé 1,60 metres d'alçada. La Mar se sentia a quilòmetres del terra; va fer lliscar els peus als estreps i va agafar les regnes amb les mans. A sota d'ella, el Destí tremolava, els seus músculs estaven tensos, com si estigués a punt de sortir d'estampida.

—Vols que continuï subjectant-lo? —va preguntar l'Àlvar, que tenia les dues mans agafades amb força a les regnes del Destí.

La Mar va moure el cap.

—No, Àlvar, deixa'l anar. És l'única manera —la Mar va respirar profundament, va preparar els peus als estreps i va agafar-se.

Quan el Destí va avançar una passa i va sentir el pes del genet a sobre, va fer una petita sacsejada. La Mar va col·locar-se agafant-se amb les mans a la part de davant de la sella.

El Destí va rebufar, va abaixar el cap i va sacsejar-se de nou. Aquesta vegada la sacsejada va ser forta, i ella va sentir com s'aixecava de la sella i tornava a caure-hi a sobre.

—Ell està bé. Només s'està acostumant a tu —va dir-li en Tomàs en calma—. Dóna-li un copet amb les cames i demana-li que avanci.

La Mar va respirar profundament i va fer el que li va demanar en Tomàs. No res. El Destí no cedia, es negava a moure's. Frustrada, la Mar va clavar una puntada més forta al cavall negre.

—Vinga! —va exigir-li, grunyint nerviosa.

Quan els talons de la Mar van colpejar els costats del Destí, ell va respondre amb un rebuf desafiant i va aixecar les potes del davant; la Mar, que no s'ho esperava, va llançar-se-li al coll i va agafar-se desesperadament a la crinera per a no caure.

—Para! —va cridar al semental mentre aquest agitava els cascs a l'aire.

Quan el Destí va baixar al terra de nou, la Mar estava blanca i tremolava com una fulla.

—Et trobes bé? —va preguntar en Tomàs.

—Em sembla que sí —va contestar la Mar—. Ell fa un minut estava bé, i quan li he donat la puntada s'ha aixecat sense avisar.

—És la primera vegada que muntes sobre un semental, oi, Mar? —va preguntar en Tomàs.

La Mar va assentir amb el cap.

—Fins ara has muntat sobre cavalls castrats i eugues —va continuar en Tomàs—. Un castrat és un cavall, per descomptat, però castrat, la qual cosa significa que és molt dòcil per naturalesa. Pots ser tan manaire com vulguis amb un castrat. Es deixen portar fàcilment i no els fa res que abusis d'ells i els diguis el que han de fer. Les eugues poden ser temperamentals, però si li demanes alguna cosa amb amabilitat a una euga com la Neu, obeirà molt bé, oi?

La Mar va assentir amb el cap.

—Els sementals són diferents —va explicar en Tomàs—. Estan acostumats a portar el comandament. Tenen una voluntat forta i no els agrada rebre ordres —en Tomàs parlava seriós—. Se'ls ha de tractar amb respecte. Si intentes obligar un semental contra la seva voluntat com acabes de fer tu, aleshores es rebel·larà tant sí com no. Mai no lluitis contra ell..., no te'l guanyaràs d'aquesta manera.

La Mar va tornar a assentir.

—Molt bé —va dir en Tomàs—, em sembla que ja s'ha calmat. Parla-li, Mar. Demana-li que vagi endavant i faci una volta a la sorra... Així, molt bé! Mira com tomba les orelles. T'està escoltant. Demana-li que vagi a mig galop.

Quan la Mar va recolzar les cames sobre el gran cavall negre, ell va resistir-se un xic, però la Mar no va perdre la fermesa. Va deixar anar una mica les mans, va murmurar suaument al semental i va tornar a intentar-ho. El Destí va fer un rebuf, va arquejar el coll i en comptes de negar-se a l'ordre, va aixecar la pota dreta i va començar un mig galop suau.

—Excel·lent, excel·lent, continua parlant-li! —va entusiasmar-se en Tomàs—. Anem progressant. Ets a punt per a demanar-li més? Aquí és on realment comença la classe...

Durant les dues hores següents, la Mar va anar guanyant-se la confiança del Destí a poc a poc. Van començar a moure's al voltant de la sorra en perfecte harmonia. El semental anava a mig galop quan ella li ho manava, i després s'aturava tan bon punt deixava anar una mica les regnes.

—Ara demana-li que giri a l'esquerra... Bé! Ara a la dreta... —en Tomàs continuava donant instruccions des de la tribuna que hi havia sobre la pista—. Bé, bé, excel·lent! Ja n'hi ha prou per avui. Ara pots desmuntar..., i agafa la sella i la brida també. Hem acabat.

Van sentir-se aplaudiments des de l'altre costat del corral. La Mar va alçar la vista i va veure l'Estel, la Cris, en Dani i en Biel.

–Ha estat meravellós! —va dir l'Estel—. Gairebé em moro quan t'hi he vist muntada! I després quan ha aixecat les potes, estava gairebé segura que cauries, La Mar va somriure obertament als seus amics, que estaven asseguts a les grades de dalt.

—Heu estat aquí tota l'estona?

—Gairebé tot el temps —va dir la Cris—. En Tomàs ens ha dit que podíem mirar si estàvem callats i no molestàvem.

—Bé, ara molesteu —va dir en Tomàs, grunyint—. Marcel·la, no t'entretinguis. Has de guardar el Destí perquè passi la nit.

En Tomàs va tombar-se cap als altres genets que en aquell moment estaven recolzats sobre el corral rodó, observant.

—Si tots heu donat el menjar als vostres cavalls, aleshores podeu anar cap a la casa a ajudar la Sandra, que està preparant el sopar. Ja tindrem temps de parlar quan el sopar sigui a taula.

Tots estaven tan afamats després de les aventures d'aquell dia, que van devorar el sopar abans de començar a parlar de la doma del Destí.

—Encara no em puc creure que l'hagi muntat! —va exclamar la Mar movent el cap.

—Tots dos heu progressat molt avui —va afirmar en Tomàs—, però tant de bo tinguéssim un dia més. No sé com es comportarà el Destí fora del tancat, a camp obert, o què passarà quan es trobi amb el seu grup de nou.

La Mar va assentir amb el cap. De sobte havia perdut la gana... i no només perquè s'hagués menjat ja dues racions de pollastre rostit. En Tomàs tenia raó. Havia estat fàcil muntar el Destí al corral rodó. La veritable prova seria muntar a fora, on no hi hauria tanques que l'aturessin. Encara que s'imaginava que les trobarien molt aviat.

—Em preguntava... —va dir l'Estel mentre se servia una tercera ració de pollastre al plat—: ja tenim algun pla? Vull dir, sé que la Mar muntarà el Destí i que esperem que ell guiï el grup fins aquí, però això és tot?

En Tomàs va aixecar una cella mirant l'Estel.

—Tens raó, Estel. Em sembla que tots estem d'acord que necessitem un pla. —En Tomàs va fer una pausa.— I per sort, l'Àlvar en té un. Un de molt bo, la veritat. I crec que ara és el millor moment perquè ens l'expliqui, perquè demà haurem de matinar molt. Apropeu-vos tots. Això és el que farem...

Mentre la Sandra treia les postres, en Tomàs i l'Àlvar van explicar el seu pla als altres. Va haver-hi molts gestos amb el cap i arrufades de front mentre els genets parlaven del pla. Després van començar a utilitzar el que hi havia a sobre la taula: culleres de postres, bols i gerres d'aigua, per a traçar un mapa estratègic i poder veure'n els detalls.

—Imagineu-vos que jo sóc la cullereta del sucre... —va dir de sobte l'Estel movent la cullera per la taula—. Què passaria si apropo per aquí la tetera...?

—No! No! —va interrompre-la la Cris—. Has de tornar aquí als estalvis amb la resta de les culleres de postres...

Van continuar així una bona estona fins que tots van estar segurs que el pla funcionaria. Després, quan la Sandra va suggerir que se n'havien d'anar a dormir per a estar en bones condicions ben d'hora, ningú no va discutir. Quan els genets anaven cap a les seves habitacions, regnava l'optimisme entre ells.

—Creus de veritat que podem aconseguir-ho? —va preguntar la Mar a en Tomàs mentre s'aixecava de la taula de la cuina.

En Tomàs va abaixar la mirada cap als plats estesos per la taula.

—No crec que sigui tan fàcil manejar els ponis com aquestes culleretes —va fer broma—, però sí, Mar, crec que tenim possibilitats —va dir somrient a la Mar—. Ara, anem-nos-en a dormir. Demà serà un gran dia. No podem tenir el nostre cavall alfa esgotat abans de començar.

La Mar va somriure i va pujar per les escales per a anar a la seva habitació. Va rentar-se la cara, va rentar-se les dents i va posar-se el pijama abans de deixar-se acaronar pels suaus llençols de cotó de l'enorme llit amb dosser. Després, la casa va quedar en silenci, i abans d'apagar el llum, va mirar per última vegada el quadre del Napoleó que hi havia a sobre la llar de foc.

CAPÍTOL 14

El cruixit de pneumàtics sobre el camí de pedra va despertar la Mar. Va sentir els cops de les portes d'un cotxe i el so de converses en veu baixa just davant de la porta principal de la casa pairal.

Allò era molt estrany. Sabia que en Tomàs volia començar aviat, però ni tan sols hi havia llum encara.

La Mar va incorporar-se al llit. No era la veu d'en Tomàs la que se sentia al pis de baix. Va escoltar amb atenció i va notar un calfred sobtat quan va adonar-se de qui era en realitat.

Després de saltar del llit i posar-se ràpidament la bata, la Mar va travessar corrents el replà i va baixar les escales. Va sortir volant per la porta principal i va xocar amb en Camil, i li féu caure la carpeta que duia a les mans.

—Bon dia —va dir el guardaboscos molt seriós mentre s'ajupia per a recollir la carpeta.

—Què hi fas aquí tan d'hora? —va dir la Mar—. Ni tan sols és de dia, encara!

—Començarem molt d'hora. Els meus homes es reuniran aquí. Us deixarem tranquils de seguida.

—Què significa que es reuniran aquí? —va exigir saber la Mar.

—La teva tieta hi va estar d'acord —va dir en Camil arronsant les espatlles—, parla amb ella —i va allunyar-se mentre escrivia alguna cosa a la carpeta, deixant clar que per a ell la conversa havia acabat.

—Tieta Sandra! Tieta Sandra! —va cridar entrant la Mar a la casa.

—Sóc aquí fora! —va contestar la Sandra des del porxo de darrere.

La Mar va trobar-se la tieta al costat del sabater, posant-se les botes d'aigua de color rosa al peu on no duia el guix.

—Marcel·la, bonica, per què encara vas amb pijama? Hem de posar-nos en moviment, ja ho saps —va dir la Sandra.

—Tieta, tu vas dir a en Camil que podia reunir els seus homes aquí per a començar l'eliminació selectiva? —va preguntar la Mar panteixant. Havia recorregut tota la casa buscant la seva tieta i ara estava sense alè.

—Sí, estimada. Ho vaig fer —va dir la Sandra impassiblement.

—Però, tieta! Com has pogut fer una cosa així? Per què els ajudes? —la Mar estava furiosa.

—Ajudar-los? No estic fent res de tot això. L'única cosa que pretenc és tenir una oportunitat més per a fer-los entrar en raó sobre tot aquest assumpte de l'eliminació selectiva —va replicar la Sandra—. On és en Camil..., al porxo principal? Digues-li que entri a la cuina, d'acord? Aniré a fer cafè.

Quan la Mar va tornar a la porta principal de la casa per a trobar el guardaboscos, va veure que havien arribat tres cotxes més. Cinc homes, tots vestits amb un uniforme igual que el d'en Camil, estaven reunits parlant sota el porxo. Tots duien escopeta.

—A la meva tieta Sandra li agradaria parlar amb vostè —va dir la Mar a en Camil—. És a la cuina preparant cafè; si vol entrar, si us plau.

El guardaboscos va assentir i va tombar-se cap als seus homes.

—Espereu-me aquí. Sortirem quan es faci de dia. No trigarà gaire —i dient això va seguir la Mar a l'interior de la casa.

—Bon dia, Camil! —va dir la Sandra a en Camil—. Et ve de gust un cafè?

—Gràcies, Sandra —va contestar secament el guardaboscos mentre seia a la taula de la cuina.

—Camil —va continuar la Sandra—, sé que et semblarà una pèrdua de temps, ara que tens els teus homes aquí tan d'hora, però el cas és que... ens disposem a agafar la resta del grup avui. En realitat tinc molt bones notícies... Tenim la manera de trobar una llar per als cavalls. L'instructor d'equitació de la meva neboda està molt ben relacionat amb la Lliga Internacional per a la Protecció del Cavall i ell ens ajudarà amablement a trobar nous amos per a tots els ponis salvatges.

La Sandra va seure davant d'en Camil i va servir cafè abans de continuar.

—Havíem planejat tenir ja aquí tot el grup, a la granja, però hi ha hagut algun contratemps. No obstant això, tenim pensat anar aquest matí a buscar els que falten, per això no cal que feu l'eliminació selectiva. Si volguessis sortir ara a dir als teus homes que marxin cap a casa, seria meravellós... —la Sandra va fer una pausa—. Naturalment són benvinguts i poden entrar a fer un cafè abans de marxar. He preparat dues cafeteres i...

En Camil va negar amb el cap.

—Em sap greu, Sandra, però no puc fer això.

—O el que ells prefereixin! —va dir la Sandra—. Si prefereixen te, per descomptat, puc posar a escalfar la tetera...

—No, Sandra. Vull dir que no puc anul·lar l'eliminació selectiva. Es durà a terme tal com s'ha planejat. Ja ens has fet endarrerir-ho moltes vegades. Hem tingut peticions i reunions amb la Fundació per a la Conservació, i reunions amb advocats. Després la teva neboda ha intentat distreure'ns amb el tema del *grimalkin...,* una bèstia mítica amb la qual els meus homes han perdut molt de temps...

La Mar no es podia creure el que estava sentint.

—No m'ho vaig inventar! El *grimalkin* és real... —va començar a dir, però en Camil va fer-li una mirada intimidatòria i va continuar parlant.

—No vam trobar cap pista d'aquest ésser. I després ens vas dir que podies atrapar els cavalls. Vas prometre que agafaries el grup i el portaries a casa, a la teva granja, si et donàvem una mica més de temps. El divendres era la data límit, i avui és divendres. Hi havia un límit i ja hi has arribat, Sandra. Els meus homes són aquí per a fer la seva feina. Ningú no volia que això arribés a passar, però ara passarà. No podem aturar-ho ara, és massa tard. Portarem escopetes i anirem a buscar-los. Ho sento, no hi ha res a fer.

La Sandra va mirar fixament el guardaboscos.

—Camil, t'ho demano com a amiga. Si us plau..., només dóna'ns una mica més de temps. Quina diferència pot haver-hi en un dia més? Per a tu potser no significa res, però podria significar salvar la vida d'uns cavalls innocents. De veritat no s'hi pot fer res?

En Camil va deixar la tassa de cafè i va quedar-se en silenci durant un moment. Aleshores va alçar la mirada i va dir:

—No podem donar-vos un altre dia, però puc donar-vos un parell d'hores d'avantatge —després va tornar a mirar-se la Mar—. Em sembla que els meus homes podrien fer un bon esmorzar abans de sortir a buscar el grup. Mar, si a la teva tieta no li importés servir-nos ous ferrats i cansalada... i potser fer-nos unes quantes d'aquelles magdalenes rodones..., i després podríem passar una bona estona consultant els nostres mapes i comprovant els rifles... Bé, tot això ens podria tenir ocupats un parell d'hores com a mínim abans d'estar a punt per a sortir —va dir en Camil mirant-se el rellotge—. Ara són les sis..., tot això ens mantindria ocupats fins a les vuit...

—Gràcies, Camil! —va dir la Sandra.

—Sí, gràcies —va dir la Mar.

—Encara ets aquí? —de sobte en Camil va mirar molt seriós la Mar—. Em sembla que hauríeu d'anar a ensellar els cavalls. No teniu gaire temps.

—Ja me n'hi vaig —va dir la Mar mentre corria cap a la porta de la casa.

1

El remolc de cavalls aixecava núvols de pols per la carretera de la costa mentre anaven cap a la cala del Pastor. Asseguda al seient del davant, la Mar va mirar el comptaquilòmetres i després el seu rellotge. Eren gairebé les set del matí.

—Va, Àlvar!

—Condueixo tan de pressa com puc! Hi serem d'aquí a menys de cinc minuts —va exclamar l'Àlvar.

La Mar i els seus amics ja havien exhaurit gairebé la meitat del temps d'avantatge de dues hores que els havia donat el guardaboscos. En comptes d'anar a la cala a cavall, com havia suposat el guardaboscos, hi havia anat carregant els cavalls al camió.

Tots els cavalls anaven a bord menys el Teo. Com que la Mar havia de muntar el Destí, havien decidit que l'Estel muntaria la Neu i en Tomàs, la Britney.

—Ens cal la velocitat i l'agilitat de la Neu; ens anirà molt bé per a reunir-los —va raonar en Tomàs—. A més, el Destí estarà més tranquil al camió dels cavalls si la Neu és al seu costat.

La Mar va mirar per la finestreta del darrere de la cabina del camió. Podia veure-hi la Neu i el Destí, un al costat de l'altre als seus compartiments. El semental inclinava el coll per a apropar-se més a l'euga castanya.

—Quants ponis salvatges creus que es poden posar aquí? —va preguntar la Mar.

—És prou gran per a posar-hi set cavalls de la grandària del Teo, així que no ho sé, potser uns quinze si tenim sort —va contestar l'Àlvar.

La Mar semblava estar preocupada.

—No n'hi ha prou, Àlvar —va dir sospirant—, uns deu o més es quedaran a fora del camió...

—Podem portar a casa els ressaguers —va proposar l'Àlvar—. Sis de nosaltres anirem a cavall. Hauríem de ser capaços de controlar els que es queden enrere.

Quan van arribar a la cala del Pastor, l'Àlvar va aparcar el camió dels cavalls a dalt del turó.

—Traguem-los de seguida —va dir en Tomàs.

La Mar va moure's de pressa tan aviat com van abaixar la rampa i va deslligar ràpidament les cordes del Destí.

—Tranquil, Destí, bon noi —va murmurar.

El semental negre estava molt bé després del viatge, per a sorpresa de tothom. Semblava que portava el ritme del camió a les gambades.

—Bon noi, Destí. Som-hi, de pressa... —va dir la Mar. El Destí va aixecar els cascs amb cura i precisió i va abaixar la rampa del camió. Al final de la rampa el cavall negre va alçar el cap i va mirar l'horitzó. El seu nas, inflat, flairava l'aire—. Creus que serà capaç de trobar el grup? —va preguntar la Mar a l'Àlvar.

—El seu instint és molt fort. Els trobarà —va contestar l'Àlvar—. Deixem que vagi cap a on vulgui. L'únic que hem de fer és seguir-lo.

«Això és l'únic que hem de fer?», va preguntar-se la Mar. L'Àlvar feia que sonés molt fàcil. Ja no recordava que era un semental salvatge? Just el dia abans havia estat la primera vegada que algú l'havia muntat, i ara ella era allà, a punt de cavalcar sola amb ell per la plana per a aconseguir que es reunís amb el seu grup.

—Val més que l'enselli —va dir la Mar.

—Necessites ajuda? —va oferir-se l'Àlvar.

La Mar va negar amb el cap.

—És millor que ho faci jo sola. Vés a ajudar els altres.

La Mar va anar cap al camió i va agafar la sella de muntar. Després va tornar al costat del Destí. El semental es movia nerviós i aixecava el nas per a flairar l'aire. «És l'olor del seu grup el que li crida l'atenció?», es preguntava la Mar.

La noieta es movia amb cura i lentament mentre col·locava la sella sobre el llom del Destí i li lligava la cingla. El cavall no va immutar-se quan va notar que li lligaven la corretja al voltant del ventre.

—Bon noi —li deia la Mar amb dolçor.

Va passar-li la brida per la cara i va lligar les corretges de pressa, després ella es va posar el casc i va lligar-se la corretja a la barbeta. Va comprovar la cingla per última vegada.

—Tot a punt? —en Tomàs Ardit va aparèixer al seu costat—. Vols que t'ajudi a enfilar-te?

—Sí, suposo que sí —va dir la Mar.

En Tomàs va subjectar les regnes del Destí amb una mà i va oferir-li l'altra a la Mar perquè hi posés un peu. Ella va posar el genoll a la mà d'en Tomàs i amb un salt ràpid va enfilar-se a la sella de muntar. En Tomàs encara subjectava les regnes. Semblava que no estava segur si deixar-les anar.

—Quan trobeu el grup, deixa'l portar el control —va dir-li en Tomàs—. Ell farà el que li resulti natural. Després, l'únic que has de fer és guiar-lo cap a la cala. Deixa que el grup us segueixi fins al mar i després nosaltres farem la resta.

La Mar va assentir amb el cap. Va col·locar-se bé la visera del casc i va agafar les regnes. Va adonar-se que les mans li tremolaven una mica.

En Tomàs també se'n va adonar.

—Mar, tu saps que ho pots fer —va dir-li suaument.

—Ho sé. No tinc por, Tomàs, de veritat —va contestar ella.

—Recorda-ho —va dir en Tomàs—: tu ets el cavall alfa.

—Jo sóc l'alfa —va repetir somrient. Després va fer tombar el semental en direcció a la carretera—. Us veuré aviat! Estigueu a punt —va dir la Mar.

Tot seguit, va fer petar la llengua al semental perquè anés a mig galop i va pujar ràpidament al cim del turó per la carretera de la costa que portava fins al llac.

Mentre anava a mig galop per la carretera de la costa, la Mar va controlar els nervis i va afluixar les regnes perquè el gran semental negre portés el control. «Deixa'l pensar a ell —es deia la Mar—, deixa'l que trobi el seu camí. Em portarà amb el grup, segur.»

El Destí va sentir-se lliure de seguida i va començar a galopar. La Mar va agafar-se amb força a la seva crinera.

Quan el semental va tombar i va desviar-se de la carretera de la costa per a continuar pel terreny rocallós a tot galop, la Mar lluitava contra la necessitat d'estirar les regnes i fer-lo anar més a poc a poc. El Destí anava massa de pressa. «Si s'atura de cop —pensava la Mar—, sortiré volant per sobre el seu cap.»

En aquell mateix moment, el Destí va fer una batzegada cap a l'esquerra per a evitar una gran roca i la Mar va notar que relliscava sense control cap a un costat. Durant un segon va pensar que cauria, però va aconseguir agafar-se a un ble de la crinera que portava enredat a les mans i amb un parell de gambades havia aconseguit posar-se dreta una altra vegada. «Agafa't fort —pensava la Mar—. No importa a què, però has d'anar ben agafada...»

El Destí anava més a poc a poc, a mig galop, quan arribava al cim del turó. Va emetre un renill alt i enèrgic mentre contemplava la vall als seus peus. La Mar va fer un cop d'ull als camps que tenia al davant, però no hi havia res tret de les pastures verdes i d'uns quants aranyoners. El Destí va renillar de nou. Encara no res. El semental estava alerta, amb les orelles endavant. Estava escoltant, esperant. Aleshores, d'algun lloc, va arribar el renill d'un cavall com a resposta a la seva crida. El cor de la Mar va accelerar-se. Havien trobat el grup.

La Mar estava fermament asseguda a la sella quan el Destí va sortir d'estampida i va començar a baixar el turó a tot galop. Des de l'altra direcció, en la llunyania, van sentir-se cascs de cavalls a mida que s'anava acostant el grup.

Quan la Mar va trobar-se per primera vegada amb els ponis, li havien semblat un grup de rostres anònims, però ara s'adonava que començava a reconèixer-los a tots. Eren tan salvatges i desprenien tanta vida i vitalitat... La Mar va notar que l'ofegava la ràbia de pensar en els guardes i en l'estúpida eliminació selectiva. Com podien pensar a fer mal a aquells bonics animals?

El grup anava més a poc a poc, al trot, mentre el semental s'hi acostava. A la Mar l'havia estat amoïnant que s'espantessin en veure-la enfilada al Destí, però feia la impressió que els ponis no se n'adonaven i no els importava.

El semental va anar a mig galop al voltant del grup, formant un cercle per a establir el seu territori. Després va apropar-s'hi més, mossegant i envestint les eugues per a mantenir-les reunides, assegurant així la seva autoritat sobre els altres cavalls. L'euga baia no es deixava dominar amb facilitat. Clavava coces amb les potes del darrere mentre ell la mossegava, i la Mar va haver d'agafar-se molt bé de nou quan el Destí va girar bruscament per a evitar els cascs de l'euga a l'aire.

Quan el semental va quedar satisfet perquè ja tenia el grup sota control, va començar a guiar-lo turó avall. La Mar va agafar-se amb força a la crinera, resistint la temptació de tocar les regnes. El Destí anava cap a la cala, exactament cap a on havia d'anar, i els ponis l'estaven seguint. L'únic que havia de fer ella era agafar-se bé.

Quan van arribar al cim del turó que donava a la vall, la Mar va pensar que el Destí continuaria al trot en línia recta i baixaria cap a la carretera de la costa cap a la cala. Però, de sobte, el cavall negre semblava haver canviat d'idea. A mig galop, va canviar de direcció i va començar a anar just en direcció contrària.

—Destí, no! —la Mar va estirar amb força la regna dreta per a fer girar el semental. Tan bon punt ho va fer, va adonar-se de l'error. *Mai no lluitis contra ell,* va recordar les paraules d'en Tomàs, *així no te'l guanyaràs, Mar.*

Quan el Destí va notar l'estirada del mos de metall, va respondre forcejant. Va aixecar les potes del davant i va agitar-les a l'aire. Després, quan va baixar a terra de nou amb la Mar encara sobre el seu llom, va saltar amb força.

La Mar havia caigut del seu cavall moltes vegades, però aquesta caiguda va ser diferent. El salt del Destí va fer que volés pels aires traçant un arc espectacular. Tot va succeir tan de pressa, que no va poder fer res per a esmorteir la caiguda. Va xocar contra el terra amb tanta violència que instantàniament va notar que es quedava sense respiració. Sense alè i commocionada, la Mar va intentar repenjar-se sobre els colzes, va tossir i boquejar mentre els seus pulmons lluitaven per a aconseguir aire. Quan va impulsar-se amb els braços per a aixecar-se, un dolor agut al canell esquerre va travessar tot el seu cos com un llampec.

Va quedar-se allà a terra, paralitzada. Estava massa marejada per a aixecar-se; el terra i el cel feien voltes al seu voltant. Què havia passat? On era el Destí?

El suau renill d'un cavall va fer-la tornar a la realitat. Va respirar profundament i va calmar-se. S'havia d'aixecar i buscar el seu cavall. La Mar va obligar-se a posar-se dreta. El sol a l'horitzó l'enlluernava en aquell moment, però va poder distingir la forma d'un cavall que se li apropava.

—Destí? —va gemegar ella. El cavall va arribar fins a on era ella. No era un semental negre i gros, sinó un petit castrat gris. Dèbil i exhausta per la caiguda, la Mar va deixar-se caure endavant i va envoltar el coll del cavall amb els braços, va abraçar-lo amb força i va amagar la seva cara a la crinera. Era el Místic.

CAPÍTOL 15

Quin desastre! Just en aquell moment, en Tomàs i els altres estaven esperant a la cala que la Mar tornés guiant el grup. Era impossible que sabessin que el Destí havia marxat i no hi havia cap rastre dels ponis salvatges. El rellotge corria. Els guardaboscos aviat arribarien per a localitzar el grup i començar l'eliminació selectiva. Havia de fer alguna cosa... i de pressa!

La Mar va mirar l'horitzó amb desesperació. Aleshores va tombar-se cap al petit poni gris.

—Místic! Vas trobar-los una vegada..., pots fer-ho de nou. Hem d'aconseguir que els cavalls salvatges tornin cap aquí!

Va mirar al seu voltant buscant un lloc on enfilar-se, i va veure un arbre caigut només a uns metres de distància. Si pujava al tronc seria més fàcil saltar al llom del Místic. La Mar va estirar una mà per a agafar-se a la crinera platejada del Místic i de sobte va fer un crit i va doblegar-se de dolor. Havia oblidat el canell ferit. Va moure els dits i va fer una ganyota quan el dolor va pujar pel braç. Estava gairebé segura que no el tenia trencat, però li feia molt de mal. No podia muntar així.

Va plorar de ràbia i de frustració. Havia d'aconseguir enfilar-se al Místic si creia que encara tenia alguna possibilitat de trobar els ponis salvatges. Però com podia fer-ho amb el canell ferit?

«Calma't —va dir-se amb severitat—, calma't i pensa una mica, Mar.» Va fer una pausa durant un moment; després, amb molta cura per a no fer-se mal al canell, va treure's la jaqueta del xandall, de color blau clar amb ratlles blanques. Va fer un nus amb una màniga al voltant del colze del braç ferit i va comprovar que estava ferm però no gaire fort. Després va agafar l'altra màniga i va fer servir les dents per a lligar un nus a l'extrem de la màniga al voltant del canell adolorit. Amb les mànigues subjectades al colze i el canell, ara havia de passar la resta de la jaqueta per sobre el cap. Va moure i torçar el cap per a poder passar-la i per fi va col·locar-se-la sobre les espatlles amb les mànigues ben estirades. I així el braç va quedar subjecte amb el cabestrell improvisat.

—Si no puc fer servir el braç, com a mínim que no em destorbi gaire —va dir al Místic. Agafant-se a un ble de la crinera amb la mà dreta va guiar el cavall fins al tronc, intentant protegir-se el canell ferit mentre saltava al llom amb cura. Asserenant-se a si mateixa, va caragolar la mà sana a la crinera del Místic amb força. «Mentre pugui agafar-me i cavalcar amb una sola mà, encara puc aconseguir-ho», pensava la Mar.

—Som-hi, Místic —la Mar va donar un petit cop amb els talons al poni gris per a fer-li saber que estava a punt—, anem a buscar-los

El poni va començar a anar de seguida a un mig galop ràpid, seguint el rastre del grup. La Mar havia muntat el Místic a pèl moltes vegades, però fer-ho amb una sola mà era tot un repte. Quan el poni anava al galop, ella intentava mantenir l'equilibri inclinant-se i subjectant-se amb les cames. Anava asseguda amb fermesa i ni tan sols intentava guiar-lo. El Místic semblava que sabia exactament on havia d'anar.

—On són, Místic? —va preguntar la Mar. Havia de trobar aviat els ponis. Ja devien haver passat dues hores des que havien sortit de la granja. Els guardaboscos devien estar carregant els quatre per quatre en aquell moment i sortint cap allà.

Per sort, el Místic no va trigar gaire a trobar el grup. Quan el castrat gris galopava cap al pla passant per dalt la carretera de la costa, la Mar va fer un crit d'alleujament. Eren allà! El Destí i els ponis... a no més de cent metres.

El semental negre encara duia posada la sella i la brida, i pasturava tranquil·lament al costat de l'euga baia. Quan va veure el Místic, va aixecar el cap i va posar-se en alerta, observant, com si estigués pensant si havia de posar en acció el seu grup i fugir corrents una altra vegada.

La Mar i el Místic també van quedar-se immòbils. La Mar notava els forts batecs del seu cor mentre pensava què seria el proper que faria. El pla que tenia era perillós, i ho sabia. No estava en la seva millor forma per a enfrontar-se a un semental..., el dolor punyent del braç li ho recordava constantment.

Va mirar els ponis. Havia d'actuar de pressa. Era l'última oportunitat per a tots.

—Som-hi, Místic! —va dir amb decisió.

El Místic va galopar veloç mentre la Mar el guiava traçant un cercle ample, i després va abordar el semental negre apropant-s'hi per darrere.

El Destí havia estat esperant, observant-los i decidint el que faria tot seguit. En aquell moment, mentre la Mar i el Místic s'apropaven, el cavall negre va començar a córrer. El Destí feia unes gambades més grans que el Místic. Era capaç de córrer més de pressa que el petit castrat gris, però el Místic tenia l'element sorpresa de la seva part. El poni ja havia agafat velocitat i ara anava a tot galop. Havia guanyat molt de terreny al semental perquè aquest pogués allunyar-se del Místic amb facilitat. El Místic va atrapar de seguida el gran cavall negre. La Mar podia sentir els seus grunyits i estirades en l'esforç per a mantenir el pas del semental. Ara tots dos cavalls anaven a tota velocitat, i el Místic feia tot el possible per a mantenir el seu coll paral·lel al coll del Destí.

A tot galop, el Místic es va anar apropant cada vegada més al semental negre. Quan els cavalls van coordinar les seves gambades, la Mar, que havia anat inclinada sobre la crinera del Místic, va incorporar-se de sobte a la gropa. Va desenredar la mà de la crinera del Místic i va deixar-lo continuar mentre ella cavalcava sense mans, amb el braç dret estirat i la mà esquerra a dins el cabestrell. Només el seu equilibri natural la mantenia dreta sobre el llom del Místic.

La Mar va pensar en el dia del corral rodó, quan l'Àlvar havia intentat ensenyar-li el salt de l'àngel. Aquella vegada no havia estat capaç de fer-ho. Podria fer-ho ara? Aquí al pla obert no hi havia tanques que valguessin. Anava a tot galop contra un semental imprevisible i tenia el canell ferit. Encara que pogués saltar, podria agafar-se bé?

La Mar va respirar profundament. Només hi havia una manera de saber-ho.

—Ara, Místic! —va cridar al poni.

El castrat gris va allargar la gambada i va apropar-se encara més al semental negre, de manera que els dos cavalls gairebé es fregaven l'un a l'altre. La Mar va mirar el Destí i després a terra. Va veure els cascs colpejant el terra sota d'ella, i per un moment va sentir-se una mica marejada. No s'ho podia creure!

«Sí que pots —va dir-se amb fermesa—, no miris avall. De fet, no miris res!» La Mar va tombar-se per a posar-se de cara al Destí. Va preparar les mans i va començar el compte enrere. A la una, a les dues, a les tres. Va tancar els ulls i va mantenir-los ben tancats. Tot va tornar-se negre i va contenir la respiració mentre feia el salt.

Durant un segon, mentre deixava el llom del Místic, no va notar res per sota seu, a excepció de l'aire i els cascs ressonant. Després va sentir que la seva mà dreta agafava la corretja de la sella del Destí. Va obrir els ulls i va començar a recuperar-se i a deixar-se endur pel cavall negre. Oblidant el mal del braç, s'agafava amb les dues mans amb força; va posar el peu esquerre a l'estrep i va enfilar el peu dret per a passar-lo per la part posterior de la sella. Les seves mans van precipitar-se a la recerca de les regnes. Eren allà! Va alçar-les suaument perquè no volia espantar el Destí. No cometria el mateix error una altra vegada.

Lentament i amb cura, va portar el semental a mig galop i després al trot.

Va trigar un moment a adonar-se que ho havia aconseguit. Ara era allà, al llom del Destí! El cavall negre tornava a ser seu.

La Mar va aturar el semental i va mirar als seu voltant. Al Místic no se'l veia per enlloc, però els ponis salvatges eren allà amb ella. Havien seguit el Destí en la seva cursa i ara estaven aturats allà, tots amb les orelles dreçades i en estat d'alerta, observant el semental negre, esperant que ell decidís el que havien de fer a continuació.

—Tranquil, Destí —la Mar va parlar amb suavitat al gran cavall negre—, ens seguiran. Has de guiar-los. Et sembla que ho podràs fer?

L'entenia el semental? S'imaginava ell que la Mar tan sols volia salvar el seu grup? La Mar no ho sabia segur, però semblava que el Destí escoltava la seva veu mentre intentava persuadir-lo. La Mar va fer la volta en cercle al voltant del grup, va avançar lentament cap a ells amb el Destí i va conduir els ponis endavant.

La Mar no estava gaire segura de si havia pres la direcció correcta. Tanmateix, quan van fer la corba i va veure la carretera de la costa i la cala del Pastor davant d'ells, el seu cor va disparar-se. Ja gairebé havien arribat! Va accelerar el pas del Destí, va avançar el grup i va guiar-los cap a la dreta per a baixar per la carretera en direcció al mar.

—No falta gaire, Destí —va xiuxiuejar al semental—. Ja gairebé hi som...

Estaven arribant al cim del turó que donava a la cala del Pastor. Eren a punt d'aconseguir-ho.

Quan la Mar i el Destí van arribar al cim, van veure en Tomàs, l'Estel, la Cris, en Dani i en Biel, enfilats en els cavalls. Els genets eren al seu lloc, amb els cavalls gairebé amagats pels arbustos que hi havia al costat de l'arbre caigut. Els ponis salvatges ni van parpellejar quan van passar al galop. Baixaven per la carretera amb un gran rebombori, dirigint-se cap a l'herba i els arbres que hi havia sota el turó.

Quan els ponis ja havien passat l'arbre caigut, la Mar va sentir el soroll d'un motor que s'engegava, els canvis de marxa i el cruixit d'uns pneumàtics sobre la carretera de grava mentre l'Àlvar reculava amb el camió per a poder baixar el turó. Mentre l'Àlvar portava el camió marxa enrere, maniobrant amb habilitat per a col·locar-lo en posició, en Tomàs va avançar-se amb la Britney i li donava indicacions amb les mans. L'Àlvar va continuar conduint marxa enrere fins a encaixar el camió entre el penya-segat per un costat i l'arbre caigut per l'altre. En aquell moment, la cala estava totalment tancada. L'única manera possible d'escapar que tenien els ponis salvatges era per la mateixa ruta que havien agafat l'última vegada...: saltant sobre el tronc caigut.

—Tomàs! —va cridar la Mar—. L'arbre! Encara poden saltar-lo i escapar-se una altra vegada.

—No t'amoïnis. Ho tenim present! —va cridar en Dani mentre en Biel i ell ajudaven l'Àlvar a abaixar la rampa del camió.

Els dos nois van entrar corrents al camió i van sortir-ne amb un gran feix del que semblava una xarxa de pescar. Mentre desenrotllaven allò i ho estenien, la Mar va adonar-se que era la xarxa vella de la pista de tennis de la casa de l'Aranyó.

Movent-se de pressa, en Dani, en Biel i l'Àlvar van penjar la xarxa utilitzant cordes per a lligar-la al camió per un extrem i a les arrels de l'arbre per l'altre. La xarxa ocupava tota la part posterior de l'arbre caigut. Feia com a mínim un metre d'alçada i tenia dues vores verdes enormes. Els ponis la veurien amb força claredat i no hi havia manera, ni tan sols per als més agosarats, que poguessin saltar un obstacle com aquell. Estaven atrapats.

—Què t'ha passat? —va preguntar en Tomàs a la Mar quan va veure el cabestrell improvisat.

—Estic bé, Tomàs —va insistir la Mar—, puc muntar.

En Tomàs va mirar-la amb incredulitat.

—Si us plau, Tomàs, estic bé; no tenim temps per a discutir. Encara hem de posar els cavalls al camió.

—D'acord —va cedir en Tomàs. Va tombar-se cap als altres i va dir-los—: Ens dividirem en dos grups. La Mar baixarà a la cala amb l'Estel i la Cris pel costat esquerre. Jo baixaré per la dreta amb els nois. Envoltarem el grup per totes les direccions i els conduirem al turó. Amb l'arbre bloquejant el camí, no tindran cap oportunitat. Hauran de pujar per la rampa del camió.

La Mar va assentir amb el cap i va començar a baixar el turó a mig galop amb el Destí; l'Estel i la Cris van seguir-la amb la Neu i la Madonna. Gairebé havien arribat a la zona verda plana als peus del turó quan el Destí va fer un renill agut, de control, per a cridar el seu grup.

L'euga baia va respondre la seva crida tornant-li el renill.

—Mar, seguiran el Destí per a pujar el turó. Guia'ls i nosaltres cavalcarem darrere teu —va dir l'Estel.

La Mar va anar formant un cercle amb el Destí, passant despreocupadament al costat de l'euga baia, que va assumir el lideratge del semental i va anar darrere d'ell, amb els altres ponis perseguint-los també.

—Excel·lent! Et segueixen! Vénen cap al camió! —va cridar en Tomàs.

Va aixecar-se un núvol de pols quan els ponis pujaven a mig galop per la carretera de terra amb la Mar i el Destí al capdavant. Al principi el soroll ensordidor dels cascs era tan fort, que la Mar no va adonar-se que els quatre per quatre pujaven al cim del turó per darrere el camió dels cavalls. Fins que no va sentir les portes dels cotxes que es tancaven, no va veure en Camil i els seus homes amb els rifles a les mans, maniobrant per a posar-se en posició al llarg de les vores empinades del penya-segat; aleshores va adonar-se del que estava passant.

—Tomàs! —va cridar la Mar mirant enrere.

—Ja els he vist —va contestar en Tomàs—. No t'amoïnis per ells, no poden fer res. Continua endavant!

Només li faltaven uns metres per a arribar al camió. Els guardaboscos no dispararien ni s'arriscarien a ferir un dels genets. En Camil no tenia opció. Havia de donar-los l'oportunitat de posar els cavalls al camió.

La Mar va mirar amunt, cap als homes d'uniforme, i va veure que s'havien enfilat per la xarxa de tennis i s'estaven col·locant amb les escopetes a l'arbre caigut. Va veure dos guardes més escalar per les vores empinades de la dreta agafant-se a les arrels de l'arbre per a poder enfilar-se amb les armes carregades a l'esquena.

«Ja no falta gaire, ja som molt a prop», pensava la Mar per a animar-se.

Quan la Mar arribava al peu de la rampa, va fer que el Destí anés més a poc a poc; ara anaven al trot.

—Porta'l per aquí —va indicar-li l'Àlvar fent un salt endavant per a dirigir-la cap a un costat de la rampa.

La resta dels ponis també havien disminuït la velocitat i començaven a posar-se nerviosos en veure el camió.

—No els doneu temps per a pensar! —va cridar l'Àlvar als genets—. Poseu-vos darrere d'ells ara i guieu-los endavant.

—Hiii haaaa! —va sentir-se un crit de vaquer quan en Biel i en Dani van pujar cavalcant amb el Tornado i l'Escocès, menant el grup endavant. L'euga baia va rebufar sorpresa i va fer un salt salvatge, va pujar la rampa a mig galop i va entrar al camió. Després d'això, els altres van seguir-la instintivament.

—Mantingueu-los en moviment! —va manar l'Àlvar, subjectant els ponis d'un en un als compartiments del camió mentre els nois guiaven més ponis cap a dins.

De tant en tant, algun s'escapava, saltava a fora per un costat de la rampa i baixava a mig galop el turó per a reunir-se amb els que eren sota els arbres al costat del mar. Ara els tocava a l'Estel i la Cris fer la seva feina. Conduïen els endarrerits turó amunt una vegada més perquè s'unissin al grup que estava entrant al camió.

—Quants en tenim? —va cridar la Mar a l'Àlvar per sobre de tot el soroll.

—Tretze! —va respondre l'Àlvar —. Creus que hauríem de tancar la rampa ja?

La Mar va assentir amb el cap.

—Suposo que sí. Com a mínim en tenim la meitat.

—Els guardaboscos són aquí. Hem d'afanyar-nos —va dir l'Àlvar—. Si podem aconseguir que els altres facin la volta i acorralar-los, potser podrem...

Va interrompre'l el so d'un crit.

—Què passa allà baix? —va cridar en Tomàs.

L'Estel, que intentava guiar els endarrerits perquè pugessin pel turó, era a sota els arbres de l'altre extrem de la cala. Intentava agafar-se a la Neu amb totes les seves forces, però l'euga castanya s'havia tornat boja. L'Estel va cridar quan la Neu va aixecar les potes del davant enlaire i va fer-la caure enrere a terra.

—Estel! —la Mar va cavalcar cap a ella. Però en comptes d'alegrar-se de veure la seva amiga, l'Estel va quedar-se blanca de por mentre la Mar s'apropava.

—No! —va cridar l'Estel—. Mar! Queda't aquí!

La Mar estava confusa. Què anava malament? Per què l'Estel no volia que l'ajudés?

—Entre els arbres! —va cridar l'Estel—. És entre els arbres!

La Mar va mirar amunt, cap a les branques de l'arbre més proper que hi havia per sobre del seu cap. Va veure-hi una ombra fosca que es movia, una silueta negra difuminada contra el cel blau. Aleshores va sentir-lo. Era el miol d'un felí. Així doncs, era allò el que havia fet que la Neu s'encabrités!

La Mar va mirar fixament i amb nervis els arbres que tenia a sobre, intentant veure cap a on havia fugit el *grimalkin*. Encara podia sentir-ne el grunyit. Sabia que era a prop.

—On és? —va preguntar l'Estel mirant nerviosa els arbres—. Ja no el veig. On és?

Un xiscle aterridor va cridar la seva atenció des dels arbres, i a continuació, va sentir-se el crit d'un cavall ferit.

—Neu! —va cridar la Mar. L'euga castanya va renillar de nou i va fer una gran sacsejada quan l'enorme felí negre, de la grandària d'un guepard, va saltar sobre el seu llom i va clavar-li les urpes als malucs.

La Neu va fer un renill de dolor quan va sentir que les urpes se li enfonsaven a la pell. Clavava coces amb desesperació, intentant alliberar-se del depredador que tenia a sobre el llom.

—Neu! —va cridar la Mar de nou amb desesperació. Va avançar fins a l'euga amb el Destí. No sabia què faria, però sí que sabia que havia d'intentar salvar el seu cavall.

Gairebé havia arribat fins a la Neu quan l'Àlvar va atrapar-la amb el Diable.

—Jo l'agafaré. Queda't al darrere! —va cridar a la Mar mentre anava cap a la Neu.

Quan l'Àlvar va arribar fins a l'euga, va intentar agafar-ne les regnes, però la Neu estava aterrida i es movia sense parar com un poltre salvatge per a alliberar-se del felí. Amb una gran sacsejada final, la Neu va aconseguir llançar l'animal per l'aire. El *grimalkin* va tombar-se immediatament cap a les noves preses, l'Àlvar i el Diable. Va separar les mandíbules per a emetre un profund rugit i va deixar al descobert els seus llargs ullals blancs.

—Mar, emporta't d'aquí l'Estel i la Neu! —va cridar l'Àlvar.

—Però Àlvar...!

—Fes-ho! —va manar l'Àlvar.

La Mar va baixar d'un salt del Destí i va posar-se a córrer. Va tenir el temps just per a ajudar l'Estel abans que el *grimalkin* saltés una altra vegada per a atacar. Aquesta vegada el felí negre va llançar-se a l'aire sobre el Diable, ensenyant els ullals a punt de clavar-se al coll del cavall.

El Diable va aixecar les potes encabritat per a enfrontar-se al gat negre i just quan va fer això, la Mar va sentir el tret d'una escopeta. Va sentir dos trets seguits i el seu eco a la cala. La Mar va tombar-se i va veure en Camil assegut al turó que hi havia darrere d'ells. Tenia la cara blanca de l'ensurt i el rifle alçat a les mans.

—Neu? —va cridar la Mar, horroritzada. Va posar-se a córrer. On era la seva euga? A la foscor que regnava sota els arbres va poder veure el cos d'un cavall que jeia a terra, i quan va apropar-s'hi més va notar un calfred a la columna.

Era exactament com en el somni. El seu cor va accelerar-se mentre arribava al lloc on havia caigut el cavall. Va sorprendre's en veure que no era un, sinó dos cossos els que jeien morts a terra.

Allà hi havia l'enorme figura negra del *grimalkin* estirat davant d'ella, amb la boca oberta en rictus. Però al costat del *grimalkin* hi havia un altre cos. El cos d'un cavall. Era com en el seu somni..., excepte que ara podia veure qui era. El cavall no era la Neu, era el Diable.

CAPÍTOL 16

El Diable! La Mar va córrer cap al cavall clapat que estava immòbil a terra. Gairebé era al seu costat quan va notar unes mans fortes que l'agafaven per les espatlles perquè no s'hi apropés més.

—No, Mar... —va dir en Tomàs retenint-la amb fermesa—. No servirà de res. Ja no podem fer res per a ajudar-lo...

—Tomàs! No, Déu meu! Tot ha anat tan de pressa. He sentit dos trets i he pensat que era la Neu i... on és la Neu? —de sobte a la Mar va envair-la el pànic.

—Està bé. És aquí i està bé. La tinc jo —va dir l'Estel a crits des de la llunyania—. Què ha passat?

—En Camil ha disparat al *grimalkin*..., però també ha tocat el Diable —va contestar també cridant la Mar.

En Dani i en Biel havien sentit els trets i ja havien baixat dels cavalls i eren al costat de la Mar. Van observar amb atenció les figures fosques que hi havia esteses a terra. En Dani va tocar nerviós el cos lànguid del felí negre. La Mar podia veure un fil de sang vermella que se li enduria a la pell negra del pit, per on havia entrat la bala. Els ulls del gran felí estaven tancats, però encara tenia la boca oberta mostrant les dues fileres de dents esmolades.

Uns metres més enllà del *grimalkin* hi havia el cos del Diable. El cavall no es movia. En Dani va donar-li un cop amb el peu, però el cavall no va respondre.

—On és l'Àlvar? —va preguntar la Mar, espantada—. Muntava el Diable quan han disparat. On és ara?

—Sóc aquí —va contestar l'Àlvar, que era assegut a terra, sota el gran arbre, atordit i amb la mirada perduda.

La Mar i l'Estel van córrer cap a ell mentre l'Àlvar intentava posar-se dret.

—Segurament m'he quedat inconscient un moment —va dir l'Àlvar fregant-se la part posterior del cap. Encara tentinejava una mica quan va aconseguir posar-se dret—. Què ha passat?

—Han disparat al Diable —va informar la Mar.

—Què? Però, com...?

—En Camil és allà. Ell sap què ha passat —va dir la Mar.

—Estàs bé? —en Camil panteixava—. He intentat fer un tret net contra el gat, però hi havia gent pel mig i... —en Camil va perdre el fil quan va veure el Diable a terra—. Però... no sé com... Jo no he apuntat al cavall. Jo volia disparar al felí! —va afirmar. Hi havia una expressió d'horror a la seva cara—. Estava apuntant al felí...

L'Àlvar no l'escoltava. Va deixar-los allà i va córrer cap al cavall que jeia a terra. Pàl·lid com un full de paper, va ajupir-se al costat del Diable i va posar la mà sobre el coll del cavall.

—Àlvar, em sap molt de greu... —va començar a dir la Mar.

De sobte, l'Àlvar va fer un salt enrere i va posar-se dret. Després, quan va tombar-se per a mirar els altres, un gran somriure li brillava a la cara.

—Àlvar? Què redimonis et passa? —va preguntar la Mar sense trobar cap explicació a aquella reacció.

L'Àlvar va mirar el Diable.

—Ben fet, noi! —va dir—. Molt bé! —i aleshores va aplaudir dues vegades—. Aixeca't, Diable! —va manar-li.

En sentir les seves paraules, el Diable va començar a bellugar-se, agitant la crinera i rebufant com si s'estigués despertant d'una migdiada, va impulsar-se amb les potes del davant, i després va aixecar-se del tot i va quedar-se allà dret, com si no hagués passat res.

—No m'ho puc creure! —l'Estel estava atònita—. Això vol dir que no li han disparat?

—No —l'Àlvar no podia esborrar el somriure de la seva cara—, només estava representant un dels seus trucs preferits. Està entrenat per a fingir que mor quan sent un tret d'escopeta. Quan en Camil ha disparat i ell ha caigut a terra, tots heu pensat que l'havia tocat, però ell només estava fingint, oi, Diable?

—Déu meu, Diable! —va exclamar la Mar rient—. Quin cavall més boig! Gairebé ens mates de l'ensurt!

La Mar, l'Estel i la Cris van abraçar per torns el cavall clapat mentre l'Àlvar romania allà, acaronant el nas del Diable i dient-li com n'era d'intel·ligent per haver-se fet el mort.

—Sé que us ha clavat un ensurt terrible, però és que està entrenat per a fer això exactament, així que no puc renyar-lo, oi? —va somriure l'Àlvar—. Valdrà més que tornem al camió a buscar una pastanaga. Es mereix una recompensa per fer tan bé el mort!

Mentre l'Àlvar tornava corrents al camió a buscar el premi per al Diable, en Tomàs va anar a comprovar les ferides de la Neu, i els altres genets van reunir-se al voltant del *grimalkin*.

—És mort de veritat? —va preguntar l'Estel, nerviosa.

En Camil va ajupir-se per a examinar el gat negre. Va aixecar la mirada cap a l'Estel i va assentir amb el cap.

—Em penso que sí. Sembla que una de les bales li ha travessat el cor. L'ha mort a l'instant —va dir sospirant en Camil—. És una pena. Tant de bo no m'hagués vist obligat a fer-ho, però quan he vist que volia atacar el Diable i l'Àlvar, no m'ha quedat cap altra opció que disparar...

La Mar va mirar el *grimalkin.*

—És més gros del que recordava; aquella nit que el vaig veure a la tanca de darrere els estables...

—És enorme! —va afirmar l'Estel—. Quina mena d'animal creieu que és?

—Sembla una pantera negra —va dir en Biel, inclinant-se per a tocar-li el suau pelatge fosc, una mica nerviós.

—Sí, em sembla que és exactament això —va confirmar en Camil—. *Panthera niger...*, és el nom en llatí. La veritat és que més aviat és un tipus de lleopard... Mireu sota el pigment negre, si mireu de més a prop, podreu veure les taques a la pell —va explicar en Camil—. És extraordinari! Sempre havia sentit el rumor que s'havia escapat un d'aquests animals als turons del parc natural ja fa uns quants anys, però mai havia pensat que fos veritat... fins ara.

—Per què ens ha atacat? —va preguntar l'Estel.

En Camil va mirar els arbres que tenien per sobre els seus caps.

—Les panteres dormen enfilades als arbres durant el dia. Probablement estava fent una becaina i nosaltres l'hem molestada.

—La Neu ha estat tan valenta lluitant per a alliberar-se d'ella... —va dir l'Estel.

—Déu meu, la Neu! —la Mar va mirar cap a on era en Tomàs, comprovant les ferides de l'euga—. Val més que vagi a veure si està bé.

—Tinc bones notícies, Mar —va dir-li l'instructor—. Unes marques d'urpa superficials i algunes ferides més profundes on el felí se li ha penjat del llom, però no són greus.

La Mar va fer una abraçada al seu poni i una ganyota quan el dolor del braç va recordar-li que tenia el canell ferit.

—Bona noia, Neu! Aquest lleopard no sabia que no havia d'acostar-se a tu!

—Mira aquí —va continuar en Tomàs—, a la gropa... Hi ha dos talls més profunds que necessitaran uns punts. Trucarem al veterinari perquè vingui a examinar-la, però no hi ha res que ens hagi d'amoïnar massa. La Neu és una lluitadora... Ho ha demostrat moltes vegades i avui ho hem tornat a veure. Es curarà del tot.

—Ep! —va cridar-los l'Àlvar—. Encara queda espai al camió, Mar. La Neu estarà massa adolorida per a tornar caminant a casa. Pot anar amb els ponis salvatges.

—I què passa amb la resta dels ponis? —va preguntar la Cris—. Encara en tenim deu atrapats aquí. Què en fem?

—Em sembla que jo puc ajudar-vos en això —va dir en Camil amb expressió seriosa mentre es despenjava l'escopeta que portava a l'esquena.

—Camil, si us plau... —va començar a dir la Mar.

El guardaboscos va somriure.

—No t'amoïnis. No vull dir això, Mar. L'eliminació selectiva s'ha cancel·lat. No tenim planejat disparar contra més animals avui —després va mirar els seus homes—. Però ja que som aquí, estic segur que als meus homes els encantaria donar-vos un cop de mà. Teniu ronsals per a nosaltres al camió?

La Mar va assentir amb el cap.

—Digues a l'Àlvar que deixi aparcat el camió allà una estona més, i nosaltres t'ajudarem a atrapar la resta dels cavalls i a posar-los els ronsals. Serà més fàcil portar-los a casa si tots porten cordes de guia.

—Caram, Camil, això és fantàstic! Moltes gràcies! —va exclamar la Mar.

—Moguem-nos, doncs —va dir en Camil—, abans que els ponis del camió es posin massa nerviosos.

Amb l'ajuda dels guardaboscos, no van trigar gaire a reunir els ponis endarrerits. Mentre els altres posaven ronsals als ponis, la Mar estava ocupada carregant la Neu al camió.

—No et preocupis. Estarà bé. Jo tindré cura d'ella, t'ho prometo —va dir l'Àlvar. Després va dir adéu als genets amb la mà, va posar en marxa el motor del camió i va sortir a la carretera de la costa amb els tretze ponis salvatges i la Neu a bord.

—Podràs arribar fins a casa? —va preguntar en Camil a la Mar mentre els genets es preparaven per a tornar.

—Sí, crec que sí —va contestar la Mar—. Només hi ha nou ponis salvatges, i nosaltres som sis. És perfecte tret del fet que jo no puc guiar un poni amb el canell en cabestrell. Suposo que els altres hauran de portar dos ponis cadascú.

—Jo puc manejar-ne dos a l'hora amb el Diable —va dir en Tomàs.

—Em sembla que jo també puc portar-ne dos —va unir-se la Cris.

—Nosaltres també —van oferir-se en Dani i en Biel.

—Aleshores em demano aquest bonic ruà vermellós si només n'he de portar un —va dir l'Estel.

—Vaja, aquest el volia portar jo! —va sospirar la Cris—. D'acord, jo portaré aquest encantador tord i el ruà platejat.

—Jo portaré el castany de l'estrella blanca i el bai de crinera i cua negres —va dir en Biel.

—Jo portaré els dos ponis foscos —va afegir en Dani.

En Tomàs va aixecar les celles mentre els mirava.

—No sabia que escolliríem els nostres preferits. Em pensava que estàvem reunint ponis..., no escollint bombons d'una capsa!

Tots van posar-se a riure, i encara van riure més quan en Tomàs va agafar els dos últims cavalls clapats del grup per a dur-los cap a casa.

—Les seves taques fan joc amb les teves, oi, noi? —va dir al Diable donant-li un copet amb el palmell de la mà al coll.

Després de lligar les cordes de guia a les selles de muntar dels ponis i quan ja eren a punt per a sortir, en Camil va tornar cap a ells fent grans gambades.

—Ja ho hem guardat tot i estem a punt per a sortir —va dir fent gestos als seus homes, que ja esperaven als tot terreny—. Trucaré a la Sandra des del telèfon del cotxe i l'avisaré que tornem cap a casa.

—Gràcies, Camil..., per tot —va dir-li la Mar, somrient.

En Camil va tornar-li el somriure.

—Tens uns ponis molt bonics aquí, Mar. Has fet una bona feina avui. —Després va tombar-se cap a en Tomàs.—Espero que els trobis una bona llar per a tots.

En Tomàs va assentir amb el cap.

—La Lliga per a la Protecció del Cavall ja està parlant amb els amos potencials. Domarem els ponis i els ensenyarem el més bàsic. Són molt intel·ligents i uns saltadors sorprenents.

Tal com van saltar aquell arbre l'última vegada que vam ser aquí..., bé, no em sorprendria que algun d'ells es convertís en una superestrella algun dia.

Amb nou cavalls salvatges per a controlar, el viatge de tornada a la casa de l'Aranyó va ser lent. Quan els genets baixaven pel llarg i frondós camí de terra, tots estaven esgotats. No obstant això, van animar-se molt quan van veure l'enorme pancarta que la Sandra havia pintat i que penjava de la terrassa. Hi deia: BENVINGUTS A CASA, PONIS SALVATGES... PER FI ESTEU FORA DE PERILL!

La Sandra era allà esperant-los, per descomptat. Sobre el prat s'havia reunit un comitè de benvinguda amb l'Àlvar, el Tsar, la Sira i el Tristany, uns veïns de la Sandra i membres del grup Salvar els Ponis Aranyó, un periodista de *La Gaseta de Les Fonts,* una dona rossa amb pantalons de muntar, i un fotògraf que era al seu costat.

Veure els genets guiant els ponis salvatges pel camí de terra va originar un esclat espontani d'aplaudiments de la multitud, i el fotògraf va començar a moure's enèrgicament com un paparazzi en una catifa vermella, intentant aconseguir la foto perfecta.

–Marcel·la! Marcel·la! —La dona rossa amb pantalons de muntar va sortir corrents darrere d'ella.— Sóc la Cèlia Valls, de la revista *Cavalls i ponis.* Puc fer-te una entrevista sobre els ponis salvatges? Com heu aconseguit agafar-los? Què els passarà ara?

—Cèlia, estimada —va intervenir la Sandra somrient amb orgull—, estic segura que la meva neboda estarà més que encantada d'oferir la història en exclusiva a la revista *Cavalls i ponis.* Sou benvinguts, podeu quedar-vos i fer l'entrevista després de dinar. Ara portarem els ponis al camp amb els altres i deixarem que els genets desensellin i mengin una mica. Deuen estar esgotats, no ho creus?

Va ser la millor benvinguda a casa que es podien imaginar els genets. Van baixar als estables, van deixar lliures els nous ponis al clos i van observar com se saludaven alegrement els uns als altres.

—Una autèntica reunió familiar! —va dir rient la Sandra.

—No em puc creure que els haguem salvat tots —va dir la Sandra mentre es recolzava als travessers de la tanca per a observar els ponis—. Estan tots junts una altra vegada!

—Tot i que no per gaire temps —va afegir la Cris—. En Tomàs i la Lliga ja els estan buscant una nova llar, recorda-ho..., d'aquí poc temps els separaran.

—Bé, com a mínim uns quants es quedaran aquí —va dir la Sandra—. He estat parlant amb en Tomàs. Està d'acord que el Destí i les dues eugues amb els poltres es quedin a la casa pairal de l'Aranyó amb mi.

—De veritat? —va alegrar-se la Mar—. Tieta Sandraaaaa! Això és fantàstic!

—Bé, no podia permetre que el fill i els néts del Napoleó visquessin en un altre lloc que no fos aquí, no creus? —va dir la Sandra—. El Destí pertany a la casa de l'Aranyó, així que els seus fills també. A més —va afegir—, em sembla que en Tomàs té raó. Aquests dos poltres podrien convertir-se en grans estrelles. Si tenen el pedigrí del Napoleó i aquest esperit salvatge, aleshores no hi haurà qui els aturi!

La Mar va mirar el Destí. El semental negre era a l'altre clos, separat de la resta dels cavalls. Caminava amb passes altes, a un trot ràpid i amb el cap dret, al llarg de la tanca. Fent un suau rebuf va córrer cap a la tanca on era la Mar, dirigint-se directament cap a ella, i després va girar bruscament en l'últim moment amb una sacsejada juganera.

—L'espectacle s'ha acabat! —va cridar-li la Mar, fent riure l'Estel i la Cris—. Encara no em crec que l'hagi muntat —va murmurar en veu baixa.

—Jo sí, estimada —va dir somrient la Sandra—. Ets una amazona fantàstica, ho portes a la sang. Jo no esperava una altra cosa de la meva neboda preferida.

I després de dir això, la Sandra va envoltar la Mar amb els seus braços i gairebé l'ofega de nou amb l'enorme abraçada perfumada de Chanel.

CAPÍTOL 17

El diagnòstic del canell de la Mar va ser que tenia un esquinç, però que no estava trencat.

—Gràcies a Déu! La teva mare m'hauria matat si t'hagués enviat a casa amb un guix —va dir la Sandra—. Encara que m'imagino que no deurà estar gaire més contenta quan et vegi amb aquesta bena i el cabestrell.

La Mar tenia l'esperança que els dies que li quedaven per estar a la granja fossin prou temps per a curar-se abans d'haver d'enfrontar-se a la seva mare. Però el metge va dir que hauria de continuar portant el cabestrell com a mínim una setmana més... i ja s'apropava el moment de tornar a casa.

—Les vacances s'acaben i la cama se solda. Em trauran el guix la setmana que ve —va dir la Sandra—. Ja he parlat amb la teva mare i t'espera a casa demà. En Tomàs s'endurà el remolc dels cavalls perquè puguis portar-hi la Neu. Podreu marxar demà al matí tan bon punt el veterinari se l'hagi mirat.

—No em puc creure que ja hagi de marxar —va dir la Mar—. M'ha agradat molt estar aquí i t'enyoraré molt, tieta Sandra.

—I tant que ho faràs, bonica. Però tornaràs a venir, oi? La casa pairal de l'Aranyó ara també és casa teva.

El sopar d'aquella nit va ser una celebració i un comiat. Tots els genets havien col·laborat a la cuina, i per tant la tieta Sandra no va cuinar aquella nit.

—És el millor sopar que he fet des que visc a la granja de l'Aranyó! –va admetre l'Àlvar mentre s'empassava amb ganes un tros de vedella rostida amb puré de patates.

Aquella nit, per última vegada, la Mar va posar-se al llit mirant fixament el quadre del Napoleó que penjava davant el seu enorme llit amb dosser. Quan va despertar-se l'endemà, la Sira li estava ensumant els peus i ja entraven raigs de sol per la finestra.

La Mar ja havia preparat les maletes la nit abans. Ara, mentre es posava la samarreta i els texans, va decidir acomiadar-se per última vegada dels animals de la casa pairal abans d'esmorzar.

A la cuina va trobar una bossa de pastanagues i va endur-se-la per a acomiadar-se del Rodanxó, la Flor i els conills; també va agafar unes pomes com a regal de comiat per als ponis.

La llum del matí era daurada i càlida mentre travessava el prat. La resta de la casa encara dormia i l'aire estava tranquil. Va aturar-se per a veure el Rodanxó i va donar-li quatre pastanagues, després va continuar caminant i va passar per la bassa dels ànecs en direcció al tancat del Destí.

La Mar va sorprendre's quan el semental no va vacil·lar i va anar directament cap a la tanca per a saludar-la. Quan el cavall va colpejar els pals de la tanca amb el seu elegant coll per a agafar una pastanaga, la Mar va estirar una mà per a acaronar-li la brillant crinera de color negre atzabeja.

—Mai no hauríem pogut salvar els ponis sense tu, Destí —va dir-li amb afecte. El Destí va fer un renill suau com si l'hagués entès. La Mar era a punt de dir alguna cosa més quan un grunyit de felí per darrere d'ella va fer-la saltar.

—Mèu! —va dir somrient l'Àlvar—. No em puc creure que encara caiguis en aquest vell truc, Mar.

—Àlvar! —va exclamar la Mar amb cara d'enuig—. Sabia que no era el *grimalkin*... Només m'he sobresaltat, i prou.

—Em sap greu —va dir l'Àlvar, tot i que no semblava que n'hi sabés gaire en realitat. Continuava somrient mentre s'apropava a la tanca, agafava una pastanaga de la bossa de la

Mar i la donava a l'euga baia de crinera i cua negres que finalment s'havia armat de valor per a apropar-se prou a ells.

—Creus que els cavalls estaran bé? Em refereixo als ponis... —va preguntar la Mar.

—És clar. Estaran molt bé..., gràcies a tu —va contestar l'Àlvar.

—A mi? No..., jo no he fet res...

—I tant que vas fer —va dir l'Àlvar—. Ets fantàstica, Mar... —l'Àlvar va quedar-se un moment en silenci mirant-se els peus—. Escolta, he estat intentant dir-te una cosa des del primer dia que vas arribar aquí.

Els ulls blaus de l'Àlvar amb prou feines se li veien per sota el serrell negre mentre mirava la Mar.

—El què? —va preguntar la Mar.

—Doncs... —va començar l'Àlvar.

I sense dir res més va avançar una passa i va fer-li un petó.

La Mar va notar que el cor li feia un salt quan els llavis de l'Àlvar van fregar els seus. Aleshores va fer un salt enrere, sorpresa.

—M'has fet un petó! —va exclamar.

—Ja ho sé! —va dir l'Àlvar—. He estat contenint-me molt de temps... Bé, espero que no et faci res.

—No..., és només que, bé, és només que m'ha sorprès.

La Mar notava que les papallones del seu estómac es tornaven boges. L'Àlvar li acabava de fer un petó!

—No significa... Jo... Val més que marxi... —va dir l'Àlvar, vermell de vergonya.

—No! No te'n vagis! —va cridar la Mar mentre ell s'allunyava, però era massa tard. L'Àlvar ja havia travessat corrents el prat cap a la casa. Ella era a punt d'anar-li corrents al darrere quan va sentir una veu que la cridava des de la porta de l'estable.

—Marcel·la! Ets aquí! —era en Tomàs—. T'he estat buscant per tot arreu. El veterinari té notícies molt importants sobre la Neu. Val més que vinguis de seguida.

La calidesa del petó de l'Àlvar va desaparèixer com si algú li hagués llençat un gerro d'aigua freda per sobre. La Mar va posar-se a córrer, va entrar darrere d'en Tomàs a l'estable i va seguir-lo fins a l'últim box de la fila, on penjava la placa de la Neu del cavall tallat en fusta. Dins el box el veterinari estava inclinat sobre l'euga. Tenia una xeringa de sang a la mà i una expressió de preocupació a la cara.

—Què li passa a la Neu? Té alguna cosa greu? —va preguntar la Mar mirant l'ampolla de sang que en aquell moment el veterinari desava en una bossa de plàstic.

—Aquesta noieta deu ser la mestressa de l'euga, oi? —el veterinari va adreçar-se a en Tomàs.

—Sí, Andreu, aquesta és la Marcel·la. Val més que li diguis el que m'acabes de dir a mi.

La Mar va notar que la sang li pujava fins al cap.

—Tomàs? Què és? Té cap mal la Neu? Què passa? Em pensava que les ferides s'estaven curant bé, que els punts estaven nets i tot controlat...

La Mar estava molt espantada en aquell moment; podia sentir els batecs del cor a tota velocitat. Se sentia com si hagués de vomitar.

—No, Marcel·la! Em sap greu. Em sembla que t'he fet pensar el que no era —va dir en Tomàs, somrient—. La Neu està força bé de tot, però bé, val més que t'ho expliqui l'Andreu...

El veterinari va fer una passa endavant.

—Quan aquest matí he vingut a mirar les ferides de la teva egua, m'ha semblat veure alguna cosa estranya. Li he fet un examen complet, i estic força convençut que tinc raó. He agafat mostres de sang que ens ho confirmaran quan les hagi portat al laboratori, però mentrestant cal que ens assegurem que està ben alimentada. El tracte ha de ser el normal i ella...

—Però... encara no m'ha dit què li passa —la Mar no podia suportar més aquella incertesa—. Què li passa a la Neu?

—No li passa res de mal —va dir el veterinari—. La teva euga no està malalta, Mar, està prenyada.

—Prenyada? Això vol dir que tindrà un poltre?

—Jo crec que sí —va dir el veterinari mentre guardava la resta del seu equipament al maletí i donava un copet a la Neu amb el palmell de la mà—. La teva euga serà mare.

—Neu! —va cridar la Mar envoltant amb el braç el coll de l'euga—. Renoi, això és meravellós!

La notícia que la Neu estava prenyada va commocionar tant la Mar, que la tornada a Cap Cavaller va passar per la seva ment com una imatge borrosa. Estava tan contenta, que no sabia què pensar. La Neu, la seva euga especial, ben aviat tindria un poltre.

—Oi que és la notícia més emocionant que has sentit en tota la teva vida? —va dir entusiasmada l'Estel des del seient del darrere el tot terreny, on les tres noies anaven apinyades.

—Encara la pots muntar? —va preguntar-li en Biel. Ell i en Dani seient als seients del davant al costat d'en Tomàs.

—El veterinari diu que no passa res..., si més no fins que el seu ventre sigui massa gros —va dir la Mar assentint amb el cap.

—I el Destí n'és el pare, suposo? —va preguntar la Cris.

La Mar va fer que no amb el cap.

—El veterinari no ho pot assegurar. Ha de comprovar les mostres de sang. Suposo que ho sabrem d'aquí a un o dos dies.

—Ostres, Mar! Imagina't que bonic serà el poltre! —va exclamar la Cris somrient—. Què creus que serà? Mascle o femella?

—Espero que sigui una noia —va dir l'Estel—. Una petita Neu corrent al seu voltant. Que bonic que seria!

Les noies van continuar parlant del poltre durant tot el viatge, a qui s'assemblaria i quin nom li posarien. La Mar estava tan emocionada, que gairebé havia oblidat tots els altres successos de les últimes setmanes: la doma del Destí, el salt de l'àngel des del Místic, el salvament dels ponis salvatges i el petó de l'Àlvar aquell matí mateix...

Queia la tarda quan el tot terreny va entrar al Poni Club. En Tomàs va aturar la furgoneta sota les magnòlies del primer tancat i l'Estel va sortir d'un salt per a ajudar la Mar a abaixar la rampa del darrere.

—Ep! No pots fer-ho tu sola amb el canell així. T'ajudaré a posar la manta a la Neu mentre tu li prepares alguna cosa per a menjar —va dir l'Estel a la Mar.

—Gràcies! —va respondre ella.

—Quant de temps més has de portar aquest cabestrell?

—El metge va dir que potser una setmana o una mica més, però ja està molt millor —va dir movent el canell.

Quan la Mar va sortir de la sala de les muntures amb el menjar de la Neu, l'euga ja tenia col·locada la manta i era a punt per a sopar.

—Vaig a veure com està la Celeste. Ens trobem al cotxe —va dir l'Estel a la Mar, i la deixà sola amb la seva euga.

La Neu va posar el cap a dins el bol del menjar, després va aixecar-lo de nou i va fer un alegre renill que va travessar el tancat per a cridar la Celeste i el Fumall.

—Està bé ser a casa una altra vegada, oi, bonica? —va dir la Mar.

La Mar esperava que la Neu mastegués el que li quedava de palla i de fruits secs quan va veure una amazona que sortia a gambades de la sala del club. Fins i tot a aquella distància de seguida va reconèixer les trenes rosses i l'aspecte altiu.

—Hola, Natàlia —va dir la Mar sospirant metre l'amazona s'apropava.

—Marcel·la! He pensat que series tu —va dir la Natàlia fredament—. La meva mare m'ha portat al club a recollir el casc. Me'l vaig descuidar en l'últim entrenament. I aquí està! Bé, he de dir-te que m'alegro que hagis tornat.

—De veritat? —la Mar va mirar-la incrèdula.

—Sí. Vull que siguis la primera de felicitar-me per haver guanyat —va contestar la Natàlia amb un somriure de satisfacció.

—Què? —la Mar estava sorpresa.

—La competició de doma de l'estiu. L'he guanyat. El Duc i jo hem arrasat en la competició. Ningú no tenia cap oportunitat! —el somriure de satisfacció de la Natàlia s'havia estès d'orella a orella en aquell moment—. Per descomptat sé que tècnicament tu no vas competir perquè no hi eres, però puc assegurar-te que el Duc és pràcticament invencible. Estic segura que hauria guanyat de totes maneres, fins i tot encara que tu haguessis muntat. Això fa que siguem els millors de tot el club.

La Natàlia va mirar cap al tot terreny, on l'Estel i la Cris l'observaven a través de les finestres.

—Bé, ja veig que heu tornat tots. Com han anat les vacances? Ha passat alguna cosa interessant?

La Mar va mirar l'Estel i la Cris, que ja feien ganyotes a la Natàlia i li deien a la Mar amb gestos que s'afanyés.

—No —va dir la Mar amb un somriure a la cara—. Què podria fer jo que superés la teva història, Natàlia? Me n'alegro per tu! Has tingut uns dies molt emocionants, pel que veig. M'encantaria saber més coses de com ha anat tot, però he de portar la Neu al tancat i anar cap a casa a descansar. Ha estat un dia molt llarg.

La Mar intentava contenir les ganes de riure mentre s'allunyava de la Natàlia i portava la Neu fins a la porta del tancat. No volia explicar a la Natàlia, *la creguda,* totes les aventures que havia viscut. Sens dubte se n'assabentaria per altres en el club molt aviat.

La Mar va treure el ronsal a la Neu i va observar-la trotar feliç per a reunir-se amb la Celeste i el Fumall. Era difícil creure que el seu poni havia de tenir un poltre.

—Espero que sigui femella. Serà molt bonica, Neu..., com tu —va dir la Mar.

Quan en Tomàs va tocar el clàxon del tot terreny per a fer que s'afanyés, la Mar encara va quedar-se mirant al seu voltant, els camps del Poni Club Cap Cavaller. Era bo ser a casa una altra vegada.

STACY GREGG

secrets del Poni Club

LLIBRE 4

La Tala i les amazones audaces

La Mar ha aconseguit la feina dels seus somnis..., entrenar cavalls per a una pel·lícula! Amb l'ajuda de les seves amigues de Cap Cavaller haurà d'ocupar-se d'un grup de fogosos ponis i resoldre alguns misteris...
Quin és el gran secret de l'Àngela, la consentida protagonista de la pel·lícula?
Podria ser l'oportunitat de la Mar per a convertir-se en una estrella?

Avançament...

La Mar no havia sabut res més sobre la seva tieta des de l'última visita a la granja de l'Aranyó; per això quan va agafar el telèfon, va quedar-se una mica sorpresa.

—Marcel·la! La meva neboda preferida! —la veu de la Sandra va vibrar a l'altre costat del telèfon. La seva salutació va fer riure la Mar. La Sandra sempre anomenava la Mar «la seva neboda preferida», quan en realitat era l'única neboda que tenia, i per tant... no hi havia gaire competència!

—Hola, tieta! Com van les coses per la granja?

—Estic molt, molt ocupada! —va dir la Sandra—. Estem preparant-nos per a una gran pel·lícula... *La Princesa Daurada.* N'has sentit parlar?

—Renoi, tieta! —va cridar la Mar—. Aquest llibre m'encanta! En faran una pel·lícula? Que bé! És genial! I els teus cavalls hi participaran?

—I tant —va dir la Sandra—. Bé, com a mínim uns quants: la Britney, la Madonna, el Destí i el Diable, per a ser exactes. Necessiten uns quants cavalls especialistes per a les escenes perilloses de la pel·lícula, com deus saber si has llegit els llibres. La Britney i la Madonna són perfectes per a ser les eugues princeses, i al Diable li tenyirem les taques de negre perquè pugui representar un dels Cavalls de les Tenebres.

—Que emocionant! —va exclamar la Mar.

—M'alegro que pensis així, estimada —va dir la Sandra—, perquè espero que vulguis venir a treballar amb mi en la pel·lícula.

—Què? Jo?

—Sí, tu. I els teus amics també. Estan buscant genets i amazones just ara, i ben aviat tindreu vacances, oi? He pensat que el moment és perfecte —va dir la Sandra.

—No podria... —la Mar va començar a protestar, però la Sandra va interrompre-la.

—Sé que la Neu està esperant un poltre i que no la vols deixar sola —va dir la Sandra—, però la pel·lícula no es roda gaire lluny de Cap Cavaller. Podries anar a casa els caps de setmana per a veure com està. Quant de temps li queda?

—El veterinari diu que un mes aproximadament.

—Bé, doncs aleshores és perfecte! El rodatge ja haurà acabat quan arribi el poltre. I tu no tens res millor per a fer durant les teves vacances, ja que a partir d'ara no podràs muntar-la. Estarà tan grassa que no podràs ni cordar-li la cingla al voltant del ventre! —va riure la Sandra—. Escolta, nebodeta preferida, la veritat és que no ho podré fer sense la teva ajuda. Hi ha gairebé dues dotzenes de cavalls en aquesta pel·lícula i l'Àlvar i jo som els responsables de tots. Està resultant difícil trobar amazones que tinguin les mesures adequades per a representar les princeses daurades. Ens calen quatre noies que tinguin la mateixa talla que les estrelles per a doblar-les en la pel·lícula, i han de ser bones amazones. No poden ser gaire altes. La princesa Gala i les seves amazones són totes de la teva talla... —la Sandra va fer una pausa—. Us pagaran, per descomptat; les tarifes de rodatge per a genets especialistes són molt bones.

—Sona molt bé, tieta Sandra—va admetre la Mar—. Estic segura que l'Estel i la Cris estaran encantades, i podem trobar una quarta noia perquè munti amb nosaltres...

—Perfecte! —va dir la Sandra—. Quina és la millor manera d'organitzar-ho tot? Vols que parli amb la teva mare? Em sembla que serà més fàcil que digui que sí si li ho pregunto jo, oi?

—La veritat, tieta Sandra, no m'hi jugaria gaire en això. Encara està enfadada per com van anar les coses l'última vegada —va dir la Mar.

—Caram, em pensava que ja ho devia haver oblidat tot... —va dir la Sandra.

L'última vegada que la Mar havia estat amb la seva tieta, havia tornat a casa amb un braç en cabestrell..., un fet que a la seva mare no li va fer gaire gràcia.

—La teva mare s'amoïna massa... —va dir sospirant la Sandra—. Només va ser un petit esquinç..., danys colaterals! Digues-li que agafi el telèfon. Estic segura que dirà que sí quan parli amb ella.

—Mareeee! —va cridar la Mar amb el telèfon a la mà—. Volen parlar amb tu!

Quan la senyora Castany va agafar el telèfon de les mans de la seva filla amb una mirada inquisitiva, la Mar va contenir la respiració i va esperar que la tieta Sandra fos capaç de convèncer la seva mare.

La mare de la Mar i la Sandra eren germanes..., però eren dones completament diferents l'una de l'altra en tots els sentits. La Sandra era, segons es definia ella mateixa, «una mica bohèmia». Havia estat actriu abans d'abandonar els rodatges i dedicar-se a entrenar animals perquè fossin ells els que actuessin.

En aquell moment, la Mar podia sentir la seva mare que parlava amb la tieta, i semblava que aquesta última s'estava enduent una allisada. Només captava dades aïllades de la conversa, però eren prou per a saber que la cosa no anava bé.

—Sandra..., deus estar de broma! —deia la seva mare—. Segur? Què significa això de segur? L'última vegada va tornar a casa amb un braç en cabestrell! No, de cap de les maneres, és massa perillós...

La Mar va anar cap a la cuina i va esperar que la seva mare acabés d'escridassar la Sandra i pengés el telèfon. Finalment va sentir com penjava el telèfon, i la senyora Castany va aparèixer per la porta de la cuina amb els braços encreuats i el front arrufat.

—Tinc la sensació que ja saps per a què era aquesta trucada —va dir ella.

—Sí... —va admetre la Mar.

—De veritat vols ajudar la Sandra en aquesta pel·lícula? —va preguntar la senyora Castany.

—Sí —va tornar a assentir la Mar.

La senyora Castany va sospirar.

—Li he dit a la Sandra que si aquesta vegada veig la més petita tireta quan arribis a casa, la faré responsable de tot. Insisteix que és completament segur. Segons sembla, faràs una mica de munta, però una gran part del temps estaràs raspallant els cavalls i netejant els boxes.

—Espera't un moment! —va dir la Mar—. Això significa que m'hi deixes anar?

La senyora Castany va assentir amb el cap.

—La teva tieta Sandra és molt convincent. Comences a treballar d'amazona especialista a *La Princesa Daurada* dilluns que ve.

Continuarà...